# 仲裁法
# 一本通

法规应用研究中心 编

YIBENTONG

中国法治出版社
CHINA LEGAL PUBLISHING HOUSE

# 编 辑 说 明

"法律一本通"系列丛书自 2005 年出版以来，以其科学的体系、实用的内容，深受广大读者的喜爱。2007 年、2011 年、2014 年、2016 年、2018 年、2019 年、2021 年、2023 年我们对其进行了改版，丰富了其内容，增强了其实用性，博得了广大读者的赞誉。

我们秉承"以法释法"的宗旨，在保持原有的体例之上，今年再次对"法律一本通"系列丛书进行改版，以达到"应办案所需，适学习所用"的目标。新版丛书具有以下特点：

1. 丛书以主体法的条文为序，逐条穿插关联的现行有效的法律、行政法规、部门规章、司法解释、请示答复和部分地方规范性文件，以方便读者理解和适用。

2. 丛书紧扣实践和学习两个主题，在目录上标注了重点法条，并在某些重点法条的相关规定之前，对收录的相关文件进行分类，再按分类归纳核心要点，以便读者最便捷地查找使用。

3. 丛书紧扣法律条文，在主法条的相关规定之后附上案例指引，收录最高人民法院、最高人民检察院指导性案例、公报案例以及相关机构公布的典型案例的裁判摘要、案例要旨或案情摘要等。通过相关案例，可以进一步领会和把握法律条文的适用，从而作为解决实际问题的参考。并对案例指引制作索引目录，方便读者查找。

4. 丛书以脚注的形式，对各类法律文件之间或者同一法律文件不同条文之间的适用关系、重点法条疑难之处进行说明，以便读者系统地理解我国现行各个法律部门的规则体系，从而更好地为教学科研和司法实践服务。

# 目　录

## 中华人民共和国仲裁法

### 第一章　总　　则

第 一 条【立法宗旨】 …………………………… 2

第 二 条【仲裁事业指导思想】 ………………… 2

第 三 条【仲裁适用范围】 ……………………… 2

★ 第 四 条【自愿仲裁原则】 …………………… 5

★ 第 五 条【或裁或审原则】 …………………… 7

第 六 条【仲裁机构的选定】 …………………… 9

第 七 条【以事实为根据、符合法律规定、公平合理

　　　　　解决纠纷的原则】 ………………… 9

第 八 条【诚信原则】 …………………………… 9

★ 第 九 条【仲裁独立原则】 …………………… 10

★ 第 十 条【一裁终局制度】 …………………… 10

第十一条【在线仲裁】 ………………………… 12

第十二条【加强国际交流】 …………………… 13

### 第二章　仲裁机构、仲裁员和仲裁协会

第十三条【仲裁机构的设立】 ………………… 13

第十四条【仲裁机构的登记】 ………………… 13

★ 第十五条【仲裁机构的设立条件】 ………… 17

第十六条【仲裁机构的变更登记】 ………… 18

第十七条【仲裁机构的注销登记】 …………… 18

第十八条【仲裁机构的组成人员、任期】 19

第十九条【强化内控与制度建设】 ………… 19

第二十条【信息公开制度】 ………………… 19

第二十一条【仲裁员的职业道德要求】 …… 20

第二十二条【仲裁员的条件】 ……………… 20

第二十三条【仲裁员名册及除名】 ………… 22

第二十四条【仲裁机构的独立性】 ………… 22

第二十五条【中国仲裁协会】 ……………… 22

第二十六条【司法行政部门的指导监督】 … 23

## 第三章 仲裁协议

第二十七条【仲裁协议的形式和内容】 …… 23

★ 第二十八条【仲裁协议无效的情形】 ……… 28

第二十九条【对内容不明确的仲裁协议的处理】 … 32

第三十条【仲裁协议的独立性】 …………… 35

第三十一条【对仲裁协议的异议】 ………… 39

## 第四章 仲裁程序

### 第一节 申请和受理

★ 第三十二条【申请仲裁的条件】 …………… 42

第三十三条【申请仲裁时应递交的文件】 … 42

★ 第三十四条【仲裁申请书的内容】 ………… 42

第三十五条【仲裁申请的受理与不受理】 … 42

第三十六条【受理后的准备工作】 ………… 43

第三十七条【仲裁协议的当事人一方向人民法院起诉

的处理】 ………………………………… 45

★　第三十八条【仲裁请求的放弃、变更、承认、反驳以

　　　　　　　及反请求】 ················· 45

★　第三十九条【仲裁保全】 ············· 52

　　第 四 十 条【仲裁代理】 ············· 57

　　第四十一条【仲裁文件送达】 ········· 61

　第二节　仲裁庭的组成

　　第四十二条【仲裁庭的组成】 ········· 61

　　第四十三条【仲裁员的选任】 ········· 61

　　第四十四条【仲裁员的指定】 ········· 62

　　第四十五条【书面披露与通知】 ······· 62

★　第四十六条【仲裁员回避的方式与理由】 ··· 62

　　第四十七条【回避申请的提出】 ······· 66

　　第四十八条【回避的决定】 ··········· 66

　　第四十九条【仲裁员的重新确定】 ····· 67

　　第 五 十 条【仲裁员的除名】 ········· 67

　第三节　开庭和裁决

　　第五十一条【仲裁审理的方式】 ······· 68

★　第五十二条【仲裁不公开原则】 ······· 68

　　第五十三条【开庭日期的通知与延期开庭】 · 68

　　第五十四条【当事人缺席的处理】 ····· 68

★　第五十五条【证据提供与收集】 ······· 69

★　第五十六条【专门性问题的鉴定】 ····· 79

★　第五十七条【证据的出示与质证】 ····· 81

★　第五十八条【证据保全】 ············· 86

　　第五十九条【当事人的辩论】 ········· 91

　　第 六 十 条【仲裁笔录】 ············· 91

　　第六十一条【恶意仲裁应予驳回】 ····· 92

★ 第六十二条【仲裁和解】 ················· 92

第六十三条【达成和解协议、撤回仲裁申请后反悔的

处理】 ················· 93

★ 第六十四条【仲裁调解】 ················· 93

第六十五条【仲裁调解书】 ················· 94

第六十六条【仲裁裁决的作出】 ················· 95

第六十七条【裁决书的内容】 ················· 95

★ 第六十八条【先行裁决】 ················· 95

第六十九条【裁决书的补正】 ················· 95

第 七 十 条【裁决书生效】 ················· 96

第五章 申请撤销裁决

★ 第七十一条【申请撤销仲裁裁决的法定情形】 ········· 96

第七十二条【申请撤销仲裁裁决的期限】 ········· 105

第七十三条【人民法院对撤销申请的审查与处理】 ········· 105

第七十四条【申请撤销仲裁裁决的后果】 ················· 105

第六章 执 行

★ 第七十五条【仲裁裁决的执行】 ················· 106

第七十六条【仲裁裁决的不予执行】 ················· 107

第七十七条【仲裁裁决的执行中止、终结与恢复】 ········· 116

第七章 涉外仲裁的特别规定

★ 第七十八条【涉外仲裁的法律适用】 ················· 118

★ 第七十九条【涉外仲裁的证据保全】 ················· 120

第 八 十 条【涉外仲裁的开庭笔录与笔录要点】 ········· 121

★ 第八十一条【涉外仲裁仲裁地】 ················· 121

第八十二条【临时仲裁与相关保全】 ················· 122

★ 第八十三条【涉外仲裁裁决的撤销】 ……………… 123

★ 第八十四条【涉外仲裁裁决的不予执行】 …………… 125

★ 第八十五条【涉外仲裁裁决的执行】 ………………… 127

　第八十六条【支持涉外仲裁工作合作交流】 ………… 128

　第八十七条【鼓励涉外仲裁当事人选择我国仲裁机构】 …… 129

★ 第八十八条【境外生效裁决申请承认和执行的管辖法

　　　　　　院及对等原则】 ………………………… 129

## 第八章　附　　则

　第八十九条【仲裁机构的定义】 ……………………… 131

★ 第 九 十 条【仲裁时效】 ……………………………… 131

　第九十一条【仲裁规则制定依据】 …………………… 137

★ 第九十二条【仲裁费用】 ……………………………… 137

　第九十三条【本法适用的例外】 ……………………… 140

　第九十四条【国际投资仲裁案件的办理】 …………… 163

　第九十五条【违反仲裁登记的处理】 ………………… 163

　第九十六条【实施日期】 ……………………………… 163

## 附　录　一

重新组建仲裁机构方案 ………………………………… 164

　（1995 年 7 月 28 日）

仲裁委员会登记暂行办法 ……………………………… 166

　（1995 年 7 月 28 日）

最高人民法院关于适用《中华人民共和国仲裁法》若

　干问题的解释 ………………………………………… 168

　（2008 年 12 月 16 日）

最高人民法院关于审理仲裁司法审查案件若干问题的
    规定 ……………………………………………………… 172
      （2017 年 12 月 26 日）
最高人民法院关于仲裁司法审查案件报核问题的有关
    规定 ……………………………………………………… 177
      （2021 年 12 月 24 日）
最高人民法院关于内地与香港特别行政区相互执行仲
    裁裁决的补充安排 ……………………………………… 179
      （2020 年 11 月 26 日）
最高人民法院关于内地与澳门特别行政区相互认可和
    执行仲裁裁决的安排 …………………………………… 180
      （2007 年 12 月 12 日）
最高人民法院关于认可和执行台湾地区仲裁裁决的规定 … 184
      （2015 年 6 月 29 日）
中国国际经济贸易仲裁委员会仲裁规则（2024 版） ……… 188
      （2023 年 9 月 2 日）
中国海事仲裁委员会仲裁规则 ……………………………… 218
      （2021 年 9 月 13 日）

附 录 二

本书所涉文件目录 ………………………………………… 247

# 案例索引目录

- A 公司、尹某、汤某与 B 公司申请确认仲裁协议效力案 ……… 4
- 湖南华厦建筑有限责任公司与常德工艺美术学校不服执
  行裁定申诉案 ……………………………………………… 6
- 苏州东宝置业有限公司、苏州市金城担保有限责任公司、
  苏州市东宝金属材料有限公司、苏州市东宝有黑色金属
  材料有限公司、徐阿大与苏州百货总公司、江苏少女之
  春集团公司资产转让合同纠纷案 …………………………… 6
- 中铁物上海有限公司与济南润和机车车辆物流有限公司、
  中车山东机车车辆有限公司申请执行人执行异议之诉案 ……… 11
- BY. O 诉豫商集团有限公司服务合同纠纷管辖权异议案 ……… 12
- A 公司与 B 公司申请撤销仲裁裁决案 ………………… 15
- 甲公司申请确认仲裁协议无效案 ……………………… 16
- 某株式会社、某气体有限公司与某投资有限公司申请确
  认仲裁协议效力案 ……………………………………… 25
- 周某申请撤销仲裁裁决案 ……………………………… 26
- 冯某申请确认仲裁协议效力案 ………………………… 26
- 六某公司、洪某申请确认仲裁协议效力案 ………………… 27
- 陈某某与某物业管理公司申请确认仲裁协议效力案 ………… 30
- 明发集团有限公司与宝龙集团发展有限公司等合同纠纷案 … 34
- 中国恒基伟业集团有限公司、北京北大青鸟有限责任公
  司与广晟投资发展有限公司、香港青鸟科技发展有限公
  司借款担保合同纠纷案 …………………………………… 34
- 锦宫公司与广发公司商品房买卖合同纠纷管辖权异议案 …… 34
- 韩国新湖商社与四川省欧亚经贸总公司等信用证欺诈纠
  纷管辖权异议案 ………………………………………… 35

- M 有限合伙企业申请确认仲裁协议效力案 ……………… 38
- 林某荣申请确认仲裁协议效力案 ………………… 41
- 某办事处与某建工集团公司申请撤销仲裁裁决案 ………… 64
- 王某申请撤销仲裁裁决案 ………………… 65
- 颐某公司与中某建设集团有限公司、某人民医院申请撤销仲裁裁决案 ………………… 100
- 王某与李某申请撤销仲裁裁决案 ………………… 101
- A 公司与 B 公司、C 公司申请撤销仲裁裁决案 ………… 101
- 某消防公司申请撤销仲裁裁决案 ………………… 102
- 吴某申请撤销仲裁裁决案 ………………… 103
- 张某申请撤销仲裁裁决案 ………………… 104
- 上海金纬机械制造有限公司与瑞士瑞泰克公司仲裁裁决执行复议案 ………………… 128

# 中华人民共和国仲裁法

（1994 年 8 月 31 日第八届全国人民代表大会常务委员会第九次会议通过　根据 2009 年 8 月 27 日第十一届全国人民代表大会常务委员会第十次会议《关于修改部分法律的决定》第一次修正　根据 2017 年 9 月 1 日第十二届全国人民代表大会常务委员会第二十九次会议《关于修改〈中华人民共和国法官法〉等八部法律的决定》第二次修正　2025 年 9 月 12 日第十四届全国人民代表大会常务委员会第十七次会议修订　2025 年 9 月 12 日中华人民共和国主席令第 54 号公布　自 2026 年 3 月 1 日起施行）

# 目　　录

第一章　总　　则

第二章　仲裁机构、仲裁员和仲裁协会

第三章　仲裁协议

第四章　仲裁程序

　第一节　申请和受理

　第二节　仲裁庭的组成

　第三节　开庭和裁决

第五章　申请撤销裁决

第六章　执　　行

第七章　涉外仲裁的特别规定

第八章　附　　则

# 第一章 总 则

**第一条** 立法宗旨①

为了保证公正、及时仲裁经济纠纷，保护当事人的合法权益，保障社会主义市场经济健康发展，制定本法。

**第二条** 仲裁事业指导思想

仲裁事业的发展贯彻落实中国共产党和国家的路线方针政策、决策部署，服务国家高质量发展和高水平对外开放，营造市场化、法治化、国际化营商环境，发挥化解经济纠纷的作用。

**第三条** 仲裁适用范围

平等主体的自然人、法人、非法人组织之间发生的合同纠纷和其他财产权益纠纷，可以仲裁。

下列纠纷不能仲裁：

（一）婚姻、收养、监护、扶养、继承纠纷；

（二）依法应当由行政机关处理的行政争议。

● 司法解释及文件

1. 《最高人民法院关于适用〈中华人民共和国仲裁法〉若干问题的解释》（2008 年 12 月 16 日）②

第 2 条 当事人概括约定仲裁事项为合同争议的，基于合同

---

① 条文主旨为编者所加，仅供参考，下同。

② 本书所标规范性文件的日期为该文件的通过、发布、修改后公布日期之一，以下不再标注。

成立、效力、变更、转让、履行、违约责任、解释、解除等产生的纠纷都可以认定为仲裁事项。

**2.《最高人民法院关于仲裁机构"先予仲裁"裁决或者调解书立案、执行等法律适用问题的批复》**（2018 年 6 月 5 日）

广东省高级人民法院：

你院《关于"先予仲裁"裁决应否立案执行的请示》（粤高法〔2018〕99 号）收悉。经研究，批复如下：

当事人申请人民法院执行仲裁机构根据仲裁法作出的仲裁裁决或者调解书，人民法院经审查，符合民事诉讼法、仲裁法相关规定的，应当依法及时受理，立案执行。但是，根据仲裁法第二条的规定，仲裁机构可以仲裁的是当事人间已经发生的合同纠纷和其他财产权益纠纷。因此，网络借贷合同当事人申请执行仲裁机构在纠纷发生前作出的仲裁裁决或者调解书的，人民法院应当裁定不予受理；已经受理的，裁定驳回执行申请。

你院请示中提出的下列情形，应当认定为民事诉讼法第二百三十七条第二款第三项规定的"仲裁庭的组成或者仲裁的程序违反法定程序"的情形：

一、仲裁机构未依照仲裁法规定的程序审理纠纷或者主持调解，径行根据网络借贷合同当事人在纠纷发生前签订的和解或者调解协议作出仲裁裁决、仲裁调解书的；

二、仲裁机构在仲裁过程中未保障当事人申请仲裁员回避、提供证据、答辩等仲裁法规定的基本程序权利的。

前款规定情形中，网络借贷合同当事人以约定弃权条款为由，主张仲裁程序未违反法定程序的，人民法院不予支持。

人民法院办理其他合同纠纷、财产权益纠纷仲裁裁决或者调解书执行案件，适用本批复。

此复。

● 案例指引①

**A 公司、尹某、汤某与 B 公司申请确认仲裁协议效力案**（成都法院仲裁司法审查典型案例②之七）

裁判要旨：成都中院认为，第一，根据 B 公司的仲裁请求来看案涉争议属于股东与股东、公司之间基于公司法、公司章程规定的义务而产生的财产权益纠纷，属于平等民商事主体之间财产权益纠纷，该争议具有可仲裁性。第二，根据《公司法》（2023 年修订）第五条"设立公司应当依法制定公司章程。公司章程对公司、股东、董事、监事、高级管理人员具有约束力"之规定，尹某、汤某分别系 M 公司时任董事长和董事，公司章程经工商行政管理部门登记备案后具有对外公示效力，其是否在章程中签字不影响公司章程约定之仲裁条款对其的法律约束力。故依法驳回 A 公司及尹某、汤某要求确认仲裁条款无效之请求。

仲裁与诉讼是不同的纠纷解决途径，具有同等的法律效力。一方面，本案准确理解《民事诉讼法》第二十七条与《最高人民法院关于适用〈中华人民共和国民事诉讼法〉的解释》第二十二条解决的是法院主管时诉讼地域管辖问题而非排除其他争议解决方式，严格适用《仲裁法》第二条之规定，精准把握股东出资纠纷属于可仲裁的争议事项。另一方面，本案重申了公司章程对公司、股东、董监高均具有法律约束力。即使公司董事、高管未在章程上签字，章程中约定的仲裁条款对其亦具有法律约束力。上述裁判规则的确立，彰显了对多元化纠纷解决机制重要组成部分之仲裁的尊重，充分体现了人民法院在助推社会治理现代化中的积极作用和司法担当。

---

① 本书"案例指引"部分适用的法律法规等条文均为案例裁判当时有效，案例收录时略有修改，下文不再对此进行特别提示。

② 《成都法院仲裁司法审查典型案例》，载"成都市中级人民法院"微信公众号，2025 年 5 月 20 日。

**第四条** 自愿仲裁原则

> 当事人选择仲裁方式解决纠纷，应当遵循自愿原则，达成仲裁协议。没有仲裁协议，一方申请仲裁的，仲裁机构不予受理。

● **司法解释及文件**

**1.《最高人民法院关于适用〈中华人民共和国仲裁法〉若干问题的解释》**（2008 年 12 月 16 日）

第 3 条　仲裁协议约定的仲裁机构名称不准确，但能够确定具体的仲裁机构的，应当认定选定了仲裁机构。

第 4 条　仲裁协议仅约定纠纷适用的仲裁规则的，视为未约定仲裁机构，但当事人达成补充协议或者按照约定的仲裁规则能够确定仲裁机构的除外。

第 5 条　仲裁协议约定两个以上仲裁机构的，当事人可以协议选择其中的一个仲裁机构申请仲裁；当事人不能就仲裁机构选择达成一致的，仲裁协议无效。

第 6 条　仲裁协议约定由某地的仲裁机构仲裁且该地仅有一个仲裁机构的，该仲裁机构视为约定的仲裁机构。该地有两个以上仲裁机构的，当事人可以协议选择其中的一个仲裁机构申请仲裁；当事人不能就仲裁机构选择达成一致的，仲裁协议无效。

**2.《最高人民法院关于如何确认仲裁机构名称约定不明确的仲裁协议的效力的请示的复函》**（2006 年 3 月 13 日）

山东省高级人民法院：

你院 [2005] 鲁立请字第 1 号《关于如何确认仲裁机构名称约定不明确的仲裁协议的效力的请示》收悉。经研究，答复如下：

一方当事人认为仲裁协议中约定的仲裁机构不明确，未申请确认仲裁协议的效力，直接向人民法院起诉解决实体纠纷的，人民法院经审查，认为能够确定仲裁机构的，应当裁定不予受理，告知当事人申请仲裁；认为仲裁协议约定的仲裁机构不明确，仲裁协议无效的，应当依法受理。受理后，被告认为约定的仲裁机构明确，提出管辖权异议的，受诉人民法院应就管辖权异议作出裁定。

仲裁协议约定由"××市仲裁委员会"仲裁的，如"××市"只有一家仲裁委员会，应当认定约定的仲裁机构系指"××仲裁委员会"；如"××市"有多家仲裁委员会，应当认为约定的仲裁机构不明确。

● 案例指引

**1. 湖南华厦建筑有限责任公司与常德工艺美术学校不服执行裁定申诉案**（《最高人民法院公报》2016 年第 8 期）

裁判要旨：当事人自愿达成合法有效协议或仲裁条款选定仲裁机构解决其争议纠纷，是采用仲裁方式解决争议纠纷的前提。如果当事人没有约定其争议纠纷由仲裁机构解决，通常情况下，仲裁机构无权对该争议纠纷予以仲裁。当事人在主合同中约定其争议纠纷由仲裁机构解决，对于没有约定争议纠纷解决方式的补充协议可否适用该约定，其关键在于主合同与补充协议之间是否具有可分性。如果主合同与补充协议之间相互独立且可分，在没有特别约定的情况下，对于两个完全独立且可分的合同或协议，其争议解决方式应按合同或补充协议约定处理。如果补充协议是对主合同内容的补充，必须依附于主合同而不能独立存在，则主合同所约定的争议解决条款也适用于补充协议。

**2. 苏州东宝置业有限公司、苏州市金城担保有限责任公司、苏州市东宝金属材料有限公司、苏州市东宝有黑色金属材料有限公司、徐阿大与苏州百货总公司、江苏少女之春集团公司资产转让合同纠纷案**（《最高人民法院公报》2007 年第 2 期）

裁判要旨：当事人签订的多份合同中，有的约定了仲裁条款，有的既没有约定仲裁条款，也没有明确将其列为约定了仲裁条款的合同的附件，或表示接受约定了仲裁条款的合同关于仲裁管辖的约定。尽管上述合同之间具有一定的关联性，但不能因此否认各自的独立性。根据仲裁法的相关规定，当事人采用仲裁方式解决纠纷，应当自愿达成仲裁协议；未达成仲裁协议，一方当事人申请仲裁的，仲裁委员会不予受理。因此，当事人约定仲裁管辖必须有明确的意思表示并订立仲裁协议，仲裁条款也只在达成仲裁协议的当事人之间产生法律效力。

## 第五条　或裁或审原则

当事人达成仲裁协议，一方向人民法院提起诉讼的，人民法院不予受理，但仲裁协议无效或者法律另有规定的除外。

● **法　律**

1.《民事诉讼法》（2023 年 9 月 1 日）①

第 126 条　人民法院应当保障当事人依照法律规定享有的起诉权利。对符合本法第一百二十二条的起诉，必须受理。符合起诉条件的，应当在七日内立案，并通知当事人；不符合起诉条件的，应当在七日内作出裁定书，不予受理；原告对裁定不服的，可以提起上诉。

第 127 条　人民法院对下列起诉，分别情形，予以处理：

（一）依照行政诉讼法的规定，属于行政诉讼受案范围的，告知原告提起行政诉讼；

（二）依照法律规定，双方当事人达成书面仲裁协议申请仲裁、不得向人民法院起诉的，告知原告向仲裁机构申请仲裁；

（三）依照法律规定，应当由其他机关处理的争议，告知原告向有关机关申请解决；

（四）对不属于本院管辖的案件，告知原告向有管辖权的人

---

① 本书法律文件使用简称，以下不再标注。

民法院起诉；

（五）对判决、裁定、调解书已经发生法律效力的案件，当事人又起诉的，告知原告申请再审，但人民法院准许撤诉的裁定除外；

（六）依照法律规定，在一定期限内不得起诉的案件，在不得起诉的期限内起诉的，不予受理；

（七）判决不准离婚和调解和好的离婚案件，判决、调解维持收养关系的案件，没有新情况、新理由，原告在六个月内又起诉的，不予受理。

● 司法解释及文件

2.《最高人民法院关于适用〈中华人民共和国仲裁法〉若干问题的解释》（2008 年 12 月 16 日）

第 3 条　仲裁协议约定的仲裁机构名称不准确，但能够确定具体的仲裁机构的，应当认定选定了仲裁机构。

第 4 条　仲裁协议仅约定纠纷适用的仲裁规则的，视为未约定仲裁机构，但当事人达成补充协议或者按照约定的仲裁规则能够确定仲裁机构的除外。

第 5 条　仲裁协议约定两个以上仲裁机构的，当事人可以协议选择其中的一个仲裁机构申请仲裁；当事人不能就仲裁机构选择达成一致的，仲裁协议无效。

第 6 条　仲裁协议约定由某地的仲裁机构仲裁且该地仅有一个仲裁机构的，该仲裁机构视为约定的仲裁机构。该地有两个以上仲裁机构的，当事人可以协议选择其中的一个仲裁机构申请仲裁；当事人不能就仲裁机构选择达成一致的，仲裁协议无效。

第 7 条　当事人约定争议可以向仲裁机构申请仲裁也可以向人民法院起诉的，仲裁协议无效。但一方向仲裁机构申请仲裁，另一方未在仲裁法第二十条第二款规定期间内提出异议的除外。

| 第六条 | 仲裁机构的选定 |

仲裁机构应当由当事人协议选定。

仲裁不实行级别管辖和地域管辖。

● 司法解释及文件

《最高人民法院关于适用〈中华人民共和国仲裁法〉若干问题的解释》（2008 年 12 月 16 日）

第 3 条　仲裁协议约定的仲裁机构名称不准确，但能够确定具体的仲裁机构的，应当认定选定了仲裁机构。

第 4 条　仲裁协议仅约定纠纷适用的仲裁规则的，视为未约定仲裁机构，但当事人达成补充协议或者按照约定的仲裁规则能够确定仲裁机构的除外。

第 5 条　仲裁协议约定两个以上仲裁机构的，当事人可以协议选择其中的一个仲裁机构申请仲裁；当事人不能就仲裁机构选择达成一致的，仲裁协议无效。

第 6 条　仲裁协议约定由某地的仲裁机构仲裁且该地仅有一个仲裁机构的，该仲裁机构视为约定的仲裁机构。该地有两个以上仲裁机构的，当事人可以协议选择其中的一个仲裁机构申请仲裁；当事人不能就仲裁机构选择达成一致的，仲裁协议无效。

| 第七条 | 以事实为根据、符合法律规定、公平合理解决纠纷的原则 |

仲裁应当根据事实，符合法律规定，公平合理地解决纠纷。

| 第八条 | 诚信原则 |

仲裁应当遵循诚信原则。

《中国国际经济贸易仲裁委员会仲裁规则（2024 版）》（2023 年 9 月 2 日）

第 9 条　诚实信用

仲裁参与人应遵循诚实信用原则，进行仲裁程序。

**第九条　仲裁独立原则**

> 仲裁依法独立进行，不受行政机关、社会团体和个人的干涉。

**第十条　一裁终局制度**

> 仲裁实行一裁终局的制度。裁决作出后，当事人就同一纠纷再申请仲裁或者向人民法院提起诉讼的，仲裁机构或者人民法院不予受理。
>
> 裁决被人民法院依法裁定撤销或者不予执行的，当事人就该纠纷可以根据双方重新达成的仲裁协议申请仲裁，也可以向人民法院提起诉讼。

● 司法解释及文件

1. 《最高人民法院关于当事人对驳回其申请撤销仲裁裁决的裁定不服而申请再审，人民法院不予受理问题的批复》（2004 年 7 月 26 日）陕西省高级人民法院：

你院陕高法〔2004〕225 号《关于当事人不服人民法院驳回其申请撤销仲裁裁决的裁定申请再审，人民法院是否受理的请示》收悉。经研究，答复如下：

根据《中华人民共和国仲裁法》第九条规定的精神，当事人对人民法院驳回其申请撤销仲裁裁决的裁定不服而申请再审的，人民法院不予受理。

此复。

## 2. 《最高人民法院关于人民检察院对撤销仲裁裁决的民事裁定提起抗诉人民法院应如何处理问题的批复》（2000 年 7 月 10 日）

陕西省高级人民法院：

你院陕高法〔1999〕183 号《关于下级法院撤销仲裁裁决的民事裁定确有错误，检察机关抗诉应如何处理的请示》收悉。经研究，答复如下：

检察机关对发生法律效力的撤销仲裁裁决的民事裁定提起抗诉，没有法律依据，人民法院不予受理。依照《中华人民共和国仲裁法》第九条的规定，仲裁裁决被人民法院依法撤销后，当事人可以重新达成仲裁协议申请仲裁，也可以向人民法院提起诉讼。

此复

## 3. 《最高人民法院关于当事人对人民法院撤销仲裁裁决的裁定不服申请再审人民法院是否受理问题的批复》（1999 年 2 月 11 日）

陕西省高级人民法院：

你院陕高法〔1998〕78 号《关于当事人对人民法院撤销仲裁裁决的裁定不服申请再审是否应当受理的请示》收悉。经研究，答复如下：

根据《中华人民共和国仲裁法》第九条规定的精神，当事人对人民法院撤销仲裁裁决的裁定不服申请再审的，人民法院不予受理。

此复

## ● 案例指引

1. 中铁物上海有限公司与济南润和机车车辆物流有限公司、中车山东机车车辆有限公司申请执行人执行异议之诉案（《最高人民法院公报》2021 年第 11 期）

**裁判要旨：**诉讼与仲裁均是当事人解决矛盾纠纷的法律途径，

当事人可以根据法律规定和协商约定自主选择采用何种途径维护自身合法权益，并在行使权利过程中遵从相关法律的规定和约束。《仲裁法》第九条规定，"仲裁实行一裁终局的制度。裁决作出后，当事人就同一纠纷再申请仲裁或者向人民法院起诉的，仲裁委员会或者人民法院不予受理。裁决被人民法院依法裁定撤销或者不予执行的，当事人就该纠纷可以根据双方重新达成的仲裁协议申请仲裁，也可以向人民法院起诉。"据此，当事人选择以仲裁程序解决矛盾纠纷时需遵从一裁终局制，仲裁庭作出裁决后应视为对矛盾纠纷作出了终局处理，当事人不得就同一纠纷再次申请仲裁或向人民法院提起诉讼。

**2. BY.O 诉豫商集团有限公司服务合同纠纷管辖权异议案**（《最高人民法院公报》2021 年第 11 期）

**裁判要旨：** 当事人虽就同一争议约定仲裁和诉讼两种争议解决方式，但协议明确约定，或者协议内容表明应首先适用仲裁方式、然后适用诉讼方式的，属于"先裁后审"协议。在涉外民事案件中，应准确认定"先裁后审"协议效力适用的法律。先仲裁条款依据其应当适用的法律认定为合法有效的，鉴于后诉讼条款因违反法院地即我国的仲裁一裁终局法律制度而无效，后诉讼条款无效不影响先仲裁条款效力，故应认定涉外"先裁后审"协议中仲裁条款有效、诉讼条款无效。

**第十一条** **在线仲裁**

仲裁活动可以通过信息网络在线进行，但当事人明确表示不同意的除外。

仲裁活动通过信息网络在线进行的，与线下仲裁活动具有同等法律效力。

**第十二条**　加强国际交流

国家支持仲裁机构加强与境外仲裁机构和有关国际组织的交流合作，积极参与国际仲裁规则的制定。

# 第二章　仲裁机构、仲裁员和仲裁协会

**第十三条**　仲裁机构的设立

仲裁机构可以在直辖市和省、自治区人民政府所在地的市设立，也可以根据需要在其他设区的市设立，不按行政区划层层设立。

仲裁机构由前款规定的市的人民政府组织有关部门和商会统一组建，属于公益性非营利法人。

**第十四条**　仲裁机构的登记

依据本法第十三条设立的仲裁机构，应当经省、自治区、直辖市人民政府司法行政部门登记。

经国务院批准由中国国际商会组织设立的仲裁机构向国务院司法行政部门备案。

仲裁机构登记管理的具体办法由国务院制定。

● **行政法规及文件**

1. 《仲裁委员会登记暂行办法》（1995 年 7 月 28 日）

第 2 条　仲裁委员会的登记机关是省、自治区、直辖市的司法行政部门。

第 3 条　仲裁委员会可以在直辖市和省、自治区人民政府所在地的市设立，也可以根据需要在其他设区的市设立，不按行政区划层层设立。

设立仲裁委员会，应当向登记机关办理设立登记；未经设立登记的，仲裁裁决不具有法律效力。

办理设立登记，应当向登记机关提交下列文件：

（一）设立仲裁委员会申请书；

（二）组建仲裁委员会的市的人民政府设立仲裁委员会的文件；

（三）仲裁委员会章程；

（四）必要的经费证明；

（五）仲裁委员会住所证明；

（六）聘任的仲裁委员会组成人员的聘书副本；

（七）拟聘任的仲裁员名册。

**2. 《重新组建仲裁机构方案》**（1995 年 7 月 28 日）

二、关于仲裁委员会

（一）依法可以设立仲裁委员会的市只能组建一个统一的仲裁委员会，不得按照不同专业设立专业仲裁委员会或者专业仲裁庭。

（二）新组建的仲裁委员会的名称应当规范，一律在仲裁委员会之前冠以仲裁委员会所在市的地名（地名+仲裁委员会），如北京仲裁委员会、广州仲裁委员会、深圳仲裁委员会等。

（三）仲裁委员会由主任 1 人、副主任 2 至 4 人和委员 7 至 11 人组成。其中，驻会专职组成人员 1 至 2 人，其他组成人员均为兼职。

仲裁委员会的组成人员由院校、科研机构、国家机关等方面的专家和有实际工作经验的人员担任。仲裁委员会的组成人员可以是仲裁员，也可以不是仲裁员。

第一届仲裁委员会的组成人员，由政府法制、经贸、体改、司法、工商、科技、建设等部门和贸促会、工商联等组织协商推荐，由市人民政府聘任。

（四）仲裁委员会设秘书长 1 人。秘书长可以由驻会专职组成人员兼任。

（五）仲裁委员会下设办事机构，负责办理仲裁案件受理、仲裁文书送达、档案管理、仲裁费用的收取与管理等事务。办事机构日常工作由仲裁委员会秘书长负责。

办事机构的设置和人员配备应当遵循精简、高效的原则。仲裁委员会设立初期，办事机构不宜配备过多的工作人员。以后随着仲裁工作量的增加，人员可以适当增加。

办事机构工作人员应当具备良好的思想品质、业务素质，择优聘用。

● 案例指引

**1. A 公司与 B 公司申请撤销仲裁裁决案**（成都法院仲裁司法审查典型案例①之六）

**裁判要旨：**成都中院认为，《仲裁法》第五十八条第一款规定，当事人可以向仲裁委员会所在地的中级人民法院申请撤销裁决。《中国国际经济贸易仲裁委员会仲裁规则》第二条第（三）款规定，仲裁委员会设在北京，仲裁委员会所设分会或仲裁中心是仲裁委员会的派出机构，根据仲裁委员会的授权，接受仲裁申请，管理仲裁案件。本案中，贸仲委四川分会系贸仲委的派出机构，其无法以自己名义作出裁决，不具备独立仲裁的主体资格，案涉仲裁裁决系以贸仲委的名义作出，A 公司应向贸仲委所在地的中级人民法院申请撤销裁决，成都中院对本案并无管辖权，故裁定对 A 公司的申请不予受理。

本案涉及仲裁司法审查案件中，人民法院管辖权的问题。关于贸仲委四川分会是否系属成都市辖区内的仲裁机构，司法实务中一直以来都是当事人争议的焦点之一。根据《仲裁法》第十条第三款以及《中国国际经济贸易仲裁委员会仲裁规则》第二条第三款之规定，贸仲委设于北京，而贸仲委四川分会属于贸仲委的派出机构，

---

① 《成都法院仲裁司法审查典型案例》，载"成都市中级人民法院"微信公众号，2025 年 5 月 20 日。

其系北京市辖区内的仲裁机构，不属于成都市范围内的仲裁机构。法院故而认定对于撤销该类贸仲委四川分会以贸仲委名义作出的裁决应当向贸仲委所在地的中级人民法院即北京市的中级人民法院申请，成都中院对此无权行使司法审查管辖权。本案准确把握该类案件审理思路，统一法律适用，明确裁判要点，不仅为类案裁判提供指导作用，亦对保障当事人诉讼权利、确保案件得到公正高效审理具有重要意义。

**2. 甲公司申请确认仲裁协议无效案**（宿迁法院仲裁司法审查典型案例①之一）

**裁判要旨**：宿迁中院认为，按照《仲裁法》第十条规定，仲裁委员会不按行政区划层层设立，因此县级行政区划内不设立仲裁委员会，直辖市和省、自治区人民政府所在地的市和其他设区的市才设立仲裁委员会。本案中，双方存在明确的将争议提交仲裁解决的合意，虽然不存在"泗阳仲裁委员会"这一仲裁机构，但是泗阳县在行政区划上隶属于宿迁市，而宿迁市仅有宿迁仲裁委员会一个仲裁机构，因此属于约定的仲裁机构名称不准确但实际能够确定约定的仲裁机构的情形，应认定该仲裁协议有效，故裁定驳回甲公司的申请。

实践中，有些当事人约定的仲裁协议存在仲裁机构约定不明确或错误等瑕疵，当纠纷产生之后，容易对争议解决方式产生分歧，影响了争议解决效率。人民法院在对该类仲裁协议效力进行审查时，充分尊重当事人的仲裁意愿，通过文义、体系、目的等解释方法善意解释合同条款，在能够确定当事人选定了仲裁机构的情况下，依法认定仲裁协议有效，支持和鼓励仲裁制度发展。

---

① 《宿迁法院仲裁司法审查典型案例》，载"宿迁市中级人民法院"微信公众号，2024年3月13日。

## 第十五条　仲裁机构的设立条件

仲裁机构应当具备下列条件：

（一）有自己的名称、住所和章程；

（二）有必要的财产；

（三）有符合本法规定的组成人员；

（四）有聘任的仲裁员。

仲裁机构的章程应当依照本法制定。

● **行政法规及文件**

**《仲裁委员会登记暂行办法》**（1995 年 7 月 28 日）

第 3 条　仲裁委员会可以在直辖市和省、自治区人民政府所在地的市设立，也可以根据需要在其他设区的市设立，不按行政区划层层设立。

设立仲裁委员会，应当向登记机关办理设立登记；未经设立登记的，仲裁裁决不具有法律效力。

办理设立登记，应当向登记机关提交下列文件：

（一）设立仲裁委员会申请书；

（二）组建仲裁委员会的市的人民政府设立仲裁委员会的文件；

（三）仲裁委员会章程；

（四）必要的经费证明；

（五）仲裁委员会住所证明；

（六）聘任的仲裁委员会组成人员的聘书副本；

（七）拟聘任的仲裁员名册。

第 4 条　登记机关应当在收到本办法第三条第三款规定的文件之日起十日内，对符合设立条件的仲裁委员会予以设立登记，并发给登记证书；对符合设立条件，但所提供的文件不符合本办法第三条第三款规定的，在要求补正后予以登记；对不符合本办法第三条第一款规定的，不予登记。

仲裁机构的变更登记

仲裁机构变更名称、住所、章程、法定代表人、组成人员的，应当提出申请，依法办理变更登记。

● 行政法规及文件

《仲裁委员会登记暂行办法》（1995 年 7 月 28 日）

第 5 条　仲裁委员会变更住所、组成人员，应当在变更后的 10 日内向登记机关备案，并向登记机关提交与变更事项有关的文件。

仲裁机构的注销登记

仲裁机构终止的，依法办理注销登记。

● 行政法规及文件

《仲裁委员会登记暂行办法》（1995 年 7 月 28 日）

第 6 条　仲裁委员会决议终止的，应当向登记机关办理注销登记。

仲裁委员会办理注销登记，应当向登记机关提交下列文件或者证书：

（一）注销登记申请书；

（二）组建仲裁委员会的市的人民政府同意注销该仲裁委员会的文件；

（三）有关机关确认的清算报告；

（四）仲裁委员会登记证书。

第 7 条　登记机关应当自收到本办法第六条第二款规定的文件、证书之日起 10 日内，对符合终止条件的仲裁委员会予以注销登记，收回仲裁委员会登记证书。

第 8 条　登记机关对仲裁委员会的设立登记、注销登记，自作出登记之日起生效，予以公告，并报国务院司法行政部门备案。

仲裁委员会登记证书，由国务院司法行政部门负责印制。

## 第十八条　仲裁机构的组成人员、任期

仲裁机构的组成人员包括主任一人、副主任二至四人和委员七至十一人。

仲裁机构的组成人员由法律、经济贸易、科学技术专家和有实际工作经验的人员担任。仲裁机构的组成人员中，法律、经济贸易、科学技术专家不得少于三分之二。

仲裁机构的组成人员每届任期五年，任期届满的应当依法换届，更换不少于三分之一的组成人员。

## 第十九条　强化内控与制度建设

仲裁机构应当依照法律法规和章程规定，建立健全内部治理结构，明确决策、执行、监督等方面的职责权限和程序。

仲裁机构应当建立健全民主议事、人员管理、收费与财务管理、文件管理、投诉处理等制度。

仲裁机构应当加强对组成人员、工作人员及仲裁员的监督，对其在仲裁活动中的违法违纪行为及时依法调查处理；需要追究法律责任的，及时移送有关机关予以处理。

## 第二十条　信息公开制度

仲裁机构应当建立信息公开制度，及时向社会公开章程、登记备案、仲裁规则、仲裁员名册、服务流程、收费标准、年度业务报告和财务报告等信息，主动接受社会监督。

## 第二十一条　仲裁员的职业道德要求

仲裁机构聘任的仲裁员应当公道正派，具备良好的专业素质，勤勉尽责，清正廉明，恪守职业道德。

## 第二十二条　仲裁员的条件

仲裁员应当符合下列条件之一：

（一）通过国家统一法律职业资格考试取得法律职业资格，从事仲裁工作满八年的；

（二）律师执业满八年的；

（三）曾任法官、检察官满八年的；

（四）从事法律研究、教学工作并具有高级职称的；

（五）具有法律知识，从事法律、经济贸易、海事海商、科学技术等专业工作，并具有高级职称或者具有同等专业水平的。

《中华人民共和国监察官法》、《中华人民共和国法官法》、《中华人民共和国检察官法》等法律规定有关公职人员不得兼任仲裁员的，依照其规定；其他公职人员兼任仲裁员的，应当遵守有关规定。

仲裁机构可以从具有法律、经济贸易、海事海商、科学技术等专门知识的境外人士中聘任仲裁员。

## ● 法　律

1. 《律师法》（2017 年 9 月 1 日）

第 2 条　本法所称律师，是指依法取得律师执业证书，接受委托或者指定，为当事人提供法律服务的执业人员。

律师应当维护当事人合法权益，维护法律正确实施，维护社会公平和正义。

## ● 行政法规及文件

**2.《重新组建仲裁机构方案》**（1995 年 7 月 28 日）

三、关于仲裁员

（一）仲裁委员会不设专职仲裁员。

（二）仲裁员由依法重新组建的仲裁委员会聘任。

仲裁委员会应当主要在本省、自治区、直辖市范围内符合仲裁法第十三条规定的人员中聘任仲裁员。

国家公务员及参照实行国家公务员制度的机关工作人员符合仲裁法第十三条规定的条件，并经所在单位同意，可以受聘为仲裁员，但是不得因从事仲裁工作影响本职工作。

仲裁委员会要按照不同专业设置仲裁员名册。

（三）仲裁员办理仲裁案件，由仲裁委员会依照仲裁规则的规定给付报酬。仲裁员没有办理仲裁案件的，不能取得报酬或者其他费用。

## ● 司法解释及文件

**3.《最高人民法院关于现职法官不得担任仲裁员的通知》**（2004年 7 月 13 日）

各省、自治区、直辖市高级人民法院，解放军军事法院，新疆维吾尔自治区高级人民法院生产建设兵团分院：

最近，最高人民法院就全国人大代表关于法官可否被仲裁委员会聘任，担任仲裁员的询问答复了全国人大代表。现将有关精神通知如下：

根据《中华人民共和国法官法》、《中华人民共和国仲裁法》的有关规定，法官担任仲裁员，从事案件的仲裁工作，不符合有关法律规定，超出了人民法院和法官的职权范围，不利于依法公正保护诉讼当事人的合法权益。因此，法官不得担任仲裁员；已经被仲裁委员会聘任，担任仲裁员的法官应当在本通知下发后一个月内辞去仲裁员职务，解除聘任关系。

特此通知。

4.《最高人民法院研究室关于人民法院其他工作人员能否担任仲裁员的答复》（2010 年 2 月 24 日）

内蒙古自治区高级人民法院：

你院内高法〔2010〕1 号《关于人民法院其他工作人员能否担任仲裁员的请示》收悉。经研究，答复如下：

根据《中华人民共和国公务员法》、《中华人民共和国仲裁法》的有关规定，人民法院法官及其他现职工作人员不得担任仲裁员。

此复。

---

**第二十三条　仲裁员名册及除名**

仲裁机构按照不同专业设仲裁员名册。

仲裁员有被开除公职、吊销律师执业证书或者被撤销高级职称等不再具备担任仲裁员条件情形的，仲裁机构应当将其除名。

---

**第二十四条　仲裁机构的独立性**

仲裁机构独立于行政机关，与行政机关没有隶属关系。

仲裁机构之间没有隶属关系。

---

**第二十五条　中国仲裁协会**

中国仲裁协会是社会团体法人。仲裁机构是中国仲裁协会的会员。中国仲裁协会的章程由全国会员大会制定。

中国仲裁协会是仲裁机构的自律性组织，根据章程对仲裁机构及其组成人员、工作人员，以及仲裁员在仲裁活动中的行为进行监督。

中国仲裁协会依照本法和《中华人民共和国民事诉讼法》的有关规定制定示范仲裁规则。

**第二十六条** 司法行政部门的指导监督

国务院司法行政部门依法指导、监督全国仲裁工作，完善相关工作制度，统筹规划仲裁事业发展。

省、自治区、直辖市人民政府司法行政部门依法指导、监督本行政区域内仲裁工作。

# 第三章 仲 裁 协 议

**第二十七条** 仲裁协议的形式和内容

仲裁协议包括合同中订立的仲裁条款和以其他书面方式在纠纷发生前或者纠纷发生后达成的请求仲裁的协议。

仲裁协议应当具有下列内容：

（一）请求仲裁的意思表示；

（二）仲裁事项；

（三）选定的仲裁机构。

一方当事人在申请仲裁时主张有仲裁协议，另一方当事人在首次开庭前不予否认的，经仲裁庭提示并记录，视为当事人之间存在仲裁协议。

● 司法解释及文件

1. 《最高人民法院关于适用〈中华人民共和国民事诉讼法〉的解释》（2022 年 4 月 1 日）

第 216 条 在人民法院首次开庭前，被告以有书面仲裁协议为由对受理民事案件提出异议的，人民法院应当进行审查。

经审查符合下列情形之一的，人民法院应当裁定驳回起诉：

（一）仲裁机构或者人民法院已经确认仲裁协议有效的；

（二）当事人没有在仲裁庭首次开庭前对仲裁协议的效力提出异议的；

（三）仲裁协议符合仲裁法第十六条规定且不具有仲裁法第十七条规定情形的。

**2.《最高人民法院关于适用〈中华人民共和国仲裁法〉若干问题的解释》**（2008 年 12 月 16 日）

**第 1 条**　仲裁法第十六条规定的"其他书面形式"的仲裁协议，包括以合同书、信件和数据电文（包括电报、电传、传真、电子数据交换和电子邮件）等形式达成的请求仲裁的协议。

**第 3 条**　仲裁协议约定的仲裁机构名称不准确，但能够确定具体的仲裁机构的，应当认定选定了仲裁机构。

**第 4 条**　仲裁协议仅约定纠纷适用的仲裁规则的，视为未约定仲裁机构，但当事人达成补充协议或者按照约定的仲裁规则能够确定仲裁机构的除外。

**第 5 条**　仲裁协议约定两个以上仲裁机构的，当事人可以协议选择其中的一个仲裁机构申请仲裁；当事人不能就仲裁机构选择达成一致的，仲裁协议无效。

**第 6 条**　仲裁协议约定由某地的仲裁机构仲裁且该地仅有一个仲裁机构的，该仲裁机构视为约定的仲裁机构。该地有两个以上仲裁机构的，当事人可以协议选择其中的一个仲裁机构申请仲裁；当事人不能就仲裁机构选择达成一致的，仲裁协议无效。

## ● 案例指引

**1. 某株式会社、某气体有限公司与某投资有限公司申请确认仲裁协议效力案**（最高人民法院发布仲裁司法审查典型案例①之三）

**裁判要旨：**上海市第一中级人民法院认为，《承购协议》第14.2条争议解决条款是当事人真实意思表示，对当事人具有合同约束力，根据仲裁条款上下文及各方当事人的解读分析，仲裁地点在中国上海，各方当事人亦确认仲裁协议准据法为中国法律，案涉仲裁条款有请求仲裁的意思表示，约定了仲裁事项，并选定了明确具体的仲裁机构新加坡国际仲裁中心，符合我国《仲裁法》第十六条的规定，应认定有效。

本案解决了当事人自愿约定将涉外争议提交境外仲裁机构仲裁但将仲裁地确定在我国内地的情形下仲裁条款效力的争议问题。我国仲裁法对于该问题没有作出规定，但司法实践不能以法无明文规定而拒绝回应。从国际商事仲裁实践看，仲裁地作为法律意义上的地点，与仲裁庭的开庭地点、合议地点、调查取证地点等均没有必然的联系，其功能主要在于确定仲裁裁决籍属、确定有权行使司法监督权的管辖法院以及用于确定仲裁程序准据法、仲裁协议准据法等。本案中，当事人约定的仲裁地在上海，故新加坡最高法院上诉庭判决案涉仲裁条款效力宜由仲裁地法院即中国法院作为享有监督管辖权的法院予以认定，而不宜由新加坡法院作出认定。上海一中院结合我国法律对相关问题未作禁止性规定的实际情况，通过将《仲裁法》第十六条规定的"选定的仲裁委员会"宽松解释为"仲裁机构"的方法填补法律漏洞，裁定当事人约定争议提交境外仲裁机构在我国内地仲裁的条款有效，展示了人民法院充分尊重当事人仲裁意愿、顺应国际仲裁发展趋势、求真务实解决问题的司法立场。

---

① 《最高人民法院发布仲裁司法审查典型案例》，载最高人民法院网站，https：//www. court. gov. cn/zixun/xiangqing/423292. html，最后访问时间：2025年9月3日。

另一方面，上海一中院作为仲裁地法院积极行使管辖权、准确适用法律、明确仲裁协议效力规则，为自由贸易试验区多元化解决纠纷营造了可预期的法治环境，对于上海加快建设亚太仲裁中心、打造国际上受欢迎的仲裁地具有十分重要的意义。

**2. 周某申请撤销仲裁裁决案**（上海金融法院金融仲裁司法审查典型案例①之三）

裁判要旨：根据《仲裁法》第十六条规定，仲裁协议应当采用书面形式。但是《仲裁法》第二十条以及《最高人民法院关于适用〈中华人民共和国仲裁法〉若干问题的解释》第十三条规定了"异议弃权规则"，即在仲裁程序中的特定情况下准许当事人通过默示方式放弃诉讼管辖。通常而言，仲裁被申请人往往是对仲裁协议效力提出异议的一方，但仲裁申请人同样受到前述原则的约束。本案中，仲裁申请人主动提出仲裁申请，仲裁被申请人接受了仲裁管辖，此外，仲裁庭已进行首次开庭审理。在此情况下，无论当事人之间是否存在书面仲裁协议，该协议上签名是否真实，都不影响仲裁机构行使仲裁管辖。因此在此情形中，仲裁机构的管辖依据并非书面仲裁协议，而是当事人在仲裁程序中所形成的默示意思一致。

**3. 冯某申请确认仲裁协议效力案**（上海金融法院金融仲裁司法审查典型案例②之九）

裁判要旨：本案系基金合同到期后未实现清算退出的情况下，担保人以保证书的形式向投资者承诺对不能按期收回的投资款项承担相应责任，因基金合同约定仲裁，而《保证书》未作约定，从而引发的法院与仲裁机构之间的主管争议。争议的关键在于主合同的仲裁条款能否约束从合同。根据《仲裁法》第十六条的规定，仲裁

---

① 《上海金融法院金融仲裁司法审查典型案例》，载"上海金融法院"微信公众号，2024年11月1日。
② 《上海金融法院金融仲裁司法审查典型案例》，载"上海金融法院"微信公众号，2024年11月1日。

应当建立在当事人真实有效的仲裁协议/仲裁条款的基础之上，不能以推定的方式来确定。只有经当事人明确合意授权，仲裁机构才能取得处理纠纷的权力。《最高人民法院关于适用〈中华人民共和国民法典〉有关担保制度的解释》第二十一条规定，主合同或者担保合同约定了仲裁条款的，人民法院对约定仲裁条款的合同当事人之间的纠纷无管辖权。但法律并未规定，主合同订有仲裁条款的，从合同纠纷自动适用该仲裁条款。本案中，《保证书》虽名为保证，但约定的是受让退出的安排，并非民法意义上的保证，因此其作为事后约定的增信措施，能否视为从合同亦存在争议。即使视为从合同，在目前对于主合同的仲裁条款约定能否适用于从合同并无法律明确规定的情况下，不能任意扩大解释仲裁条款的适用范围。即使从合同当事人对主合同仲裁条款已经知悉，也不宜推定该当事人同意接受仲裁条款的约束。

**4. 六某公司、洪某申请确认仲裁协议效力案**（深圳市中级人民法院发布 2024 年度仲裁司法审查典型案例①之四）

**裁判要旨：**市中级人民法院认为，仲裁条款中关于"如本合同发生纠纷，双方协商解决，协商不成的由三方合同签订地深圳市仲裁委员会仲裁"的约定，有明确的仲裁意思表示，约定了仲裁事项并选定了明确的仲裁机构，符合《仲裁法》第十六条之规定，应认定有效。该条款中关于"最终由深圳市法院判决为准"的约定，并非约定"或裁或诉"的情形，而是当事人意图先裁后诉所作的约定，六某公司、洪某据此主张仲裁协议无效，缺乏法律依据。故裁定驳回六某公司、洪某的申请。

《最高人民法院关于适用〈中华人民共和国仲裁法〉若干问题的解释》第七条规定"当事人约定争议可以向仲裁机构申请仲裁也可以向人民法院起诉的，仲裁协议无效"，但在司法实践中，应当首先

---

① 《深圳市中级人民法院发布 2024 年度仲裁司法审查典型案例》，载"深圳市中级人民法院"微信公众号，2025 年 7 月 29 日。

准确判断当事人的约定是"或裁或诉"还是"先裁后诉",对于当事人约定"先裁后诉"的,在审查仲裁协议符合《仲裁法》第十六条的规定,不具有第十七条、第十八条规定无效情形的,应当认定有效。本案中,双方当事人在合同中约定就相关纠纷提交仲裁的同时,还约定"最终以法院判决为准",从表述的内容和顺序来看,并未改变双方以仲裁作为优先争议解决方式的意思表示,不能理解为所规定"或裁或诉"的情形,而是意图"先裁后诉","最终以法院判决为准"的约定违反仲裁"一裁终局"制度,但不影响当事人关于仲裁协议约定部分的有效性。

## 第二十八条  仲裁协议无效的情形

有下列情形之一的,仲裁协议无效:

(一)约定的仲裁事项超出法律规定的仲裁范围;

(二)无民事行为能力人或者限制民事行为能力人订立的仲裁协议;

(三)一方采取胁迫手段,迫使对方订立仲裁协议。

## ● 法 律

1.《民法典》(2020 年 5 月 28 日)

第 17 条  十八周岁以上的自然人为成年人。不满十八周岁的自然人为未成年人。

第 18 条  成年人为完全民事行为能力人,可以独立实施民事法律行为。

十六周岁以上的未成年人,以自己的劳动收入为主要生活来源的,视为完全民事行为能力人。

第 19 条  八周岁以上的未成年人为限制民事行为能力人,实施民事法律行为由其法定代理人代理或者经其法定代理人同意、追认;但是,可以独立实施纯获利益的民事法律行为或者与其年龄、智力相适应的民事法律行为。

第 20 条 不满八周岁的未成年人为无民事行为能力人，由其法定代理人代理实施民事法律行为。

第 21 条 不能辨认自己行为的成年人为无民事行为能力人，由其法定代理人代理实施民事法律行为。

八周岁以上的未成年人不能辨认自己行为的，适用前款规定。

第 22 条 不能完全辨认自己行为的成年人为限制民事行为能力人，实施民事法律行为由其法定代理人代理或者经其法定代理人同意、追认；但是，可以独立实施纯获利益的民事法律行为或者与其智力、精神健康状况相适应的民事法律行为。

第 23 条 无民事行为能力人、限制民事行为能力人的监护人是其法定代理人。

第 24 条 不能辨认或者不能完全辨认自己行为的成年人，其利害关系人或者有关组织，可以向人民法院申请认定该成年人为无民事行为能力人或者限制民事行为能力人。

被人民法院认定为无民事行为能力人或者限制民事行为能力人的，经本人、利害关系人或者有关组织申请，人民法院可以根据其智力、精神健康恢复的状况，认定该成年人恢复为限制民事行为能力人或者完全民事行为能力人。

本条规定的有关组织包括：居民委员会、村民委员会、学校、医疗机构、妇女联合会、残疾人联合会、依法设立的老年人组织、民政部门等。

第 147 条 基于重大误解实施的民事法律行为，行为人有权请求人民法院或者仲裁机构予以撤销。

第 148 条 一方以欺诈手段，使对方在违背真实意思的情况下实施的民事法律行为，受欺诈方有权请求人民法院或者仲裁机构予以撤销。

第 149 条 第三人实施欺诈行为，使一方在违背真实意思的情况下实施的民事法律行为，对方知道或者应当知道该欺诈行为的，受欺诈方有权请求人民法院或者仲裁机构予以撤销。

第150条　一方或者第三人以胁迫手段，使对方在违背真实意思的情况下实施的民事法律行为，受胁迫方有权请求人民法院或者仲裁机构予以撤销。

第151条　一方利用对方处于危困状态、缺乏判断能力等情形，致使民事法律行为成立时显失公平的，受损害方有权请求人民法院或者仲裁机构予以撤销。

● 司法解释及文件

2.《最高人民法院关于适用〈中华人民共和国民事诉讼法〉的解释》（2022年4月1日）

第216条　在人民法院首次开庭前，被告以有书面仲裁协议为由对受理民事案件提出异议的，人民法院应当进行审查。

经审查符合下列情形之一的，人民法院应当裁定驳回起诉：

（一）仲裁机构或者人民法院已经确认仲裁协议有效的；

（二）当事人没有在仲裁庭首次开庭前对仲裁协议的效力提出异议的；

（三）仲裁协议符合仲裁法第十六条规定且不具有仲裁法第十七条规定情形的。

● 案例指引

**陈某某与某物业管理公司申请确认仲裁协议效力案**（成都法院仲裁司法审查典型案例①之二）

案例主旨：成都中院认为，本案为申请确认仲裁协议效力案件，《仲裁法》第十七条规定："有下列情形之一的，仲裁协议无效：

---

① 《成都法院仲裁司法审查典型案例》，载"成都市中级人民法院"微信公众号，2025年5月20日。

（一）约定的仲裁事项超出法律规定的仲裁范围的；（二）无民事行为能力人或者限制民事行为能力人订立的仲裁协议；（三）一方采取胁迫手段，迫使对方订立仲裁协议的。"经查，案涉《物业服务合同》约定的仲裁事项符合法律规定的仲裁范围，陈某某未能举证证明存在《仲裁法》第十七条规定的仲裁协议无效的情形。本案实质争议系原《物业服务合同》中的仲裁条款对所约定物业服务期限届满后的争议解决事项是否仍有效力。《民法典》第九百四十八条第一款规定："物业服务期限届满后，业主没有依法作出续聘或者另聘物业服务人的决定，物业服务人继续提供物业服务的，原物业服务合同继续有效，但是服务期限为不定期。"结合陈某某、某物业管理公司的陈述来看，双方对于某物业管理公司事实上继续履行原合同并无实质争议，故原《物业服务合同》继续有效，服务期限为不定期，原《物业服务合同》中的仲裁条款依然有效。故陈某某主张案涉仲裁协议无效的意见缺乏法律和事实依据。据此，成都中院裁定驳回陈某某的申请。

意思自治原则是仲裁制度的基石。一方面，仲裁协议采用书面形式，须包含请求仲裁解决争议的意思表示。另一方面，仲裁不能超出约定的仲裁事项，应受到当事人意思自治的约束。《民法典》第九百四十八条第一款规定已经明确，物业服务期限届满后，业主没有依法作出续聘或者另聘物业服务人的决定，物业服务人继续提供物业服务的，原物业服务合同继续有效，但是服务期限为不定期。据此，原物业服务合同到期后未另行签订合同并继续履行的，原物业服务合同继续有效，当事人就原物业服务约定期限届满后相关事宜产生的争议，仍属于对原物业服务合同的争议，故仍未超出原物业服务合同仲裁条款的约定仲裁事项范围。本案明确原物业服务合同中的仲裁条款效力及于物业服务期限届满后相关争议解决事项，既恪守意思自治原则，又遵循仲裁协议独立性原则，有利于明确社会预期，推进物业服务领域矛盾纠纷预防化解。

第三章

| 第二十九条 | 对内容不明确的仲裁协议的处理 |
|---|---|

仲裁协议对仲裁事项或者仲裁机构没有约定或者约定不明确的，当事人可以补充协议；达不成补充协议的，仲裁协议无效。

● **司法解释及文件**

**1.《最高人民法院关于适用〈中华人民共和国仲裁法〉若干问题的解释》**（2008 年 12 月 16 日）

第 3 条　仲裁协议约定的仲裁机构名称不准确，但能够确定具体的仲裁机构的，应当认定选定了仲裁机构。

第 4 条　仲裁协议仅约定纠纷适用的仲裁规则的，视为未约定仲裁机构，但当事人达成补充协议或者按照约定的仲裁规则能够确定仲裁机构的除外。

第 5 条　仲裁协议约定两个以上仲裁机构的，当事人可以协议选择其中的一个仲裁机构申请仲裁；当事人不能就仲裁机构选择达成一致的，仲裁协议无效。

第 6 条　仲裁协议约定由某地的仲裁机构仲裁且该地仅有一个仲裁机构的，该仲裁机构视为约定的仲裁机构。该地有两个以上仲裁机构的，当事人可以协议选择其中的一个仲裁机构申请仲裁；当事人不能就仲裁机构选择达成一致的，仲裁协议无效。

第 7 条　当事人约定争议可以向仲裁机构申请仲裁也可以向人民法院起诉的，仲裁协议无效。但一方向仲裁机构申请仲裁，另一方未在仲裁法第二十条第二款规定期间内提出异议的除外。

**2.《最高人民法院关于确认仲裁协议效力几个问题的批复》**（1998 年 10 月 26 日）

山东省高级人民法院：

你院鲁高法函〔1997〕84 号《关于认定重建仲裁机构前达成的仲裁协议的效力的几个问题的请示》收悉。经研究，答复如下：

一、在《中华人民共和国仲裁法》实施后重新组建仲裁机构前，当事人达成的仲裁协议只约定了仲裁地点，未约定仲裁机构，双方当事人在补充协议中选定了在该地点依法重新组建的仲裁机构的，仲裁协议有效；双方当事人达不成补充协议的，仲裁协议无效。

二、在仲裁法实施后依法重新组建仲裁机构前，当事人在仲裁协议中约定了仲裁机构，一方当事人申请仲裁，另一方当事人向人民法院起诉的，经人民法院审查，按照有关规定能够确定新的仲裁机构的，仲裁协议有效。对当事人的起诉，人民法院不予受理。

三、当事人对仲裁协议的效力有异议，一方当事人申请仲裁机构确认仲裁协议效力，另一方当事人请求人民法院确认仲裁协议无效，如果仲裁机构先于人民法院接受申请并已作出决定，人民法院不予受理；如果仲裁机构接受申请后尚未作出决定，人民法院应予受理，同时通知仲裁机构终止仲裁。

四、一方当事人就合同纠纷或者其他财产权益纠纷申请仲裁，另一方当事人对仲裁协议的效力有异议，请求人民法院确认仲裁协议无效并就合同纠纷或者其他财产权益纠纷起诉的，人民法院受理后应当通知仲裁机构中止仲裁。人民法院依法作出仲裁协议有效或者无效的裁定后，应当将裁定书副本送达仲裁机构，由仲裁机构根据人民法院的裁定恢复仲裁或者撤销仲裁案件。

人民法院依法对仲裁协议作出无效的裁定后，另一方当事人拒不应诉的，人民法院可以缺席判决；原受理仲裁申请的仲裁机构在人民法院确认仲裁协议无效后仍不撤销其仲裁案件的，不影响人民法院对案件的审理。

此复

## ● 案例指引

### 1. 明发集团有限公司与宝龙集团发展有限公司等合同纠纷案
(《最高人民法院公报》2022 年第 2 期)

　　**裁判要旨：** 当事人在合同中约定，双方发生与合同有关的争议，既可以向人民法院起诉，也可以向仲裁机构申请仲裁的，当事人关于仲裁的约定无效。但发生纠纷后，一方当事人向仲裁机构申请仲裁，另一方未提出异议并实际参加仲裁的，应视为双方就通过仲裁方式解决争议达成了合意。其后双方就同一合同有关争议又向人民法院起诉的，人民法院不予受理；已经受理的，应裁定驳回起诉。

### 2. 中国恒基伟业集团有限公司、北京北大青鸟有限责任公司与广晟投资发展有限公司、香港青鸟科技发展有限公司借款担保合同纠纷案 (《最高人民法院公报》2008 年第 1 期)

　　**裁判要旨：** 最高人民法院《关于适用〈中华人民共和国仲裁法〉若干问题的解释》第十六条规定："对涉外仲裁协议的效力审查，适用当事人约定的法律；当事人没有约定适用的法律但约定了仲裁地的，适用仲裁地法律；没有约定适用的法律也没有约定仲裁地或者仲裁地约定不明的，适用法院地法律。"据此，在涉外合同纠纷案件中，当事人在合同中约定有仲裁条款的，可以同时对确定该仲裁条款效力的准据法作出明确约定。因仲裁条款的独立性，故合同中约定的适用于解决合同争议的准据法，不能用以判定该仲裁条款的效力。如果当事人在合同中没有约定确定仲裁条款效力的准据法，也没有约定仲裁地或者对仲裁地约定不明，应当适用法院地法律审查仲裁协议的效力。

### 3. 锦宫公司与广发公司商品房买卖合同纠纷管辖权异议案 (《最高人民法院公报》2006 年第 6 期)

　　**裁判要旨：** 根据仲裁法第十八条的规定，仲裁协议对仲裁事项或者仲裁委员会没有约定或者约定不明确的，当事人可以补充协议；达不成补充协议的，仲裁协议无效。根据最高人民法院《关于确认仲裁协议效力几个问题的批复》第一条的规定，在仲裁法实施后重新组建仲裁机构前，当事人达成的仲裁协议只约定了仲裁地点，未约定仲裁机构的，双方当事人在补充协议中选定了在该地点依法重新组建的仲裁机构的，仲裁协议有效；双方当事人达不成补充协议的，仲裁协议无效。依照上述规定认定仲裁协议无效的，当事人向有管辖权的人民法院提起诉讼，人民法院应当受理。

**4. 韩国新湖商社与四川省欧亚经贸总公司等信用证欺诈纠纷管辖权异议案**（《最高人民法院公报》2001 年第 3 期）

**裁判要旨**：根据最高人民法院《关于适用〈中华人民共和国民事诉讼法〉若干问题的意见》第 145 条的规定："依照民事诉讼法第一百一十一条第（二）项的规定，当事人在书面合同中订有仲裁条款，或者在发生纠纷后达成书面仲裁协议，一方向人民法院起诉的，人民法院裁定不予受理，告知原告向仲裁机构申请仲裁。但仲裁条款、仲裁协议无效、失效或者内容不明确无法执行的除外。"由于原销售合同中的仲裁条款没有约定仲裁的方式和机构属内容不明确，无法执行，因此原审人民法院对欧亚公司的起诉应予受理。

| 第三十条 | 仲裁协议的独立性 |
| --- | --- |

仲裁协议独立存在。合同是否成立及其变更、不生效、终止、被撤销或者无效，不影响已经达成的仲裁协议的效力。

仲裁庭有权确认合同的效力。

● **法　律**

1.《民法典》（2020 年 5 月 28 日）

第 143 条　具备下列条件的民事法律行为有效：

（一）行为人具有相应的民事行为能力；

（二）意思表示真实；

（三）不违反法律、行政法规的强制性规定，不违背公序良俗。

第 144 条　无民事行为能力人实施的民事法律行为无效。

第 145 条　限制民事行为能力人实施的纯获利益的民事法律行为或者与其年龄、智力、精神健康状况相适应的民事法律行为有效；实施的其他民事法律行为经法定代理人同意或者追认后有效。

相对人可以催告法定代理人自收到通知之日起三十日内予以追认。法定代理人未作表示的，视为拒绝追认。民事法律行为被追认前，善意相对人有撤销的权利。撤销应当以通知的方式作出。

第 146 条　行为人与相对人以虚假的意思表示实施的民事法律行为无效。

以虚假的意思表示隐藏的民事法律行为的效力，依照有关法律规定处理。

第 147 条　基于重大误解实施的民事法律行为，行为人有权请求人民法院或者仲裁机构予以撤销。

第 148 条　一方以欺诈手段，使对方在违背真实意思的情况下实施的民事法律行为，受欺诈方有权请求人民法院或者仲裁机构予以撤销。

第 149 条　第三人实施欺诈行为，使一方在违背真实意思的情况下实施的民事法律行为，对方知道或者应当知道该欺诈行为的，受欺诈方有权请求人民法院或者仲裁机构予以撤销。

第 150 条　一方或者第三人以胁迫手段，使对方在违背真实意思的情况下实施的民事法律行为，受胁迫方有权请求人民法院或者仲裁机构予以撤销。

第 151 条　一方利用对方处于危困状态、缺乏判断能力等情形，致使民事法律行为成立时显失公平的，受损害方有权请求人民法院或者仲裁机构予以撤销。

第 152 条　有下列情形之一的，撤销权消灭：

（一）当事人自知道或者应当知道撤销事由之日起一年内、重大误解的当事人自知道或者应当知道撤销事由之日起九十日内没有行使撤销权；

（二）当事人受胁迫，自胁迫行为终止之日起一年内没有行使撤销权；

（三）当事人知道撤销事由后明确表示或者以自己的行为表明放弃撤销权。

当事人自民事法律行为发生之日起五年内没有行使撤销权的，撤销权消灭。

第153条 违反法律、行政法规的强制性规定的民事法律行为无效。但是，该强制性规定不导致该民事法律行为无效的除外。

违背公序良俗的民事法律行为无效。

第154条 行为人与相对人恶意串通，损害他人合法权益的民事法律行为无效。

第155条 无效的或者被撤销的民事法律行为自始没有法律约束力。

第156条 民事法律行为部分无效，不影响其他部分效力的，其他部分仍然有效。

● 司法解释及文件

2.《最高人民法院关于适用〈中华人民共和国仲裁法〉若干问题的解释》（2008年12月16日）

第8条 当事人订立仲裁协议后合并、分立的，仲裁协议对其权利义务的继受人有效。

当事人订立仲裁协议后死亡的，仲裁协议对承继其仲裁事项中的权利义务的继承人有效。

前两款规定情形，当事人订立仲裁协议时另有约定的除外。

第9条　债权债务全部或者部分转让的，仲裁协议对受让人有效，但当事人另有约定、在受让债权债务时受让人明确反对或者不知有单独仲裁协议的除外。

第10条　合同成立后未生效或者被撤销的，仲裁协议效力的认定适用仲裁法第十九条第一款的规定。

当事人在订立合同时就争议达成仲裁协议的，合同未成立不影响仲裁协议的效力。

第11条　合同约定解决争议适用其他合同、文件中的有效仲裁条款的，发生合同争议时，当事人应当按照该仲裁条款提请仲裁。

涉外合同应当适用的有关国际条约中有仲裁规定的，发生合同争议时，当事人应当按照国际条约中的仲裁规定提请仲裁。

## ● 案例指引

**M有限合伙企业申请确认仲裁协议效力案**（上海金融法院金融仲裁司法审查典型案例①之七）

**裁判要旨：**关联合同中所约定的仲裁条款是否可以扩张适用，取决于关联合同之间的关系。《仲裁法》第十九条规定："仲裁协议独立存在，合同的变更、解除、终止或者无效，不影响仲裁协议的效力。"理论上认为，在合同内容修改后，合同关系保持同一性的为合同变更，失去同一性的，不能视为合同变更。而在同一性基础上，仲裁条款对变更或经补充后的合同内容仍具有约束力。本案中，人民法院从合同文义、合同要素以及当事人意思三方面对系争合同之间是否构成合同变更或补充，仲裁条款是否应当扩张适用进行了分析。对仲裁协议在关联合同中的扩张，具有参考价值。

---

① 《上海金融法院金融仲裁司法审查典型案例》，载"上海金融法院"微信公众号，2024年11月1日。

| 第三十一条 | 对仲裁协议的异议 |

　　当事人对仲裁协议的效力有异议的，可以请求仲裁机构或者仲裁庭作出决定，也可以请求人民法院作出裁定。一方请求仲裁机构或者仲裁庭作出决定，另一方请求人民法院作出裁定的，由人民法院裁定。

　　当事人对仲裁协议的效力有异议，应当在仲裁庭首次开庭前提出。

## ● 司法解释及文件

**1.《最高人民法院关于适用〈中华人民共和国仲裁法〉若干问题的解释》**（2008 年 12 月 16 日）

　　**第 12 条**　当事人向人民法院申请确认仲裁协议效力的案件，由仲裁协议约定的仲裁机构所在地的中级人民法院管辖；仲裁协议约定的仲裁机构不明确的，由仲裁协议签订地或者被申请人住所地的中级人民法院管辖。

　　申请确认涉外仲裁协议效力的案件，由仲裁协议约定的仲裁机构所在地、仲裁协议签订地、申请人或者被申请人住所地的中级人民法院管辖。

　　涉及海事海商纠纷仲裁协议效力的案件，由仲裁协议约定的仲裁机构所在地、仲裁协议签订地、申请人或者被申请人住所地的海事法院管辖；上述地点没有海事法院的，由就近的海事法院管辖。

　　**第 13 条**　依照仲裁法第二十条第二款的规定，当事人在仲裁庭首次开庭前没有对仲裁协议的效力提出异议，而后向人民法院申请确认仲裁协议无效的，人民法院不予受理。

　　仲裁机构对仲裁协议的效力作出决定后，当事人向人民法院申请确认仲裁协议效力或者申请撤销仲裁机构的决定的，人民法院不予受理。

　　**第 14 条**　仲裁法第二十六条规定的"首次开庭"是指答辩

期满后人民法院组织的第一次开庭审理，不包括审前程序中的各项活动。

第 15 条　人民法院审理仲裁协议效力确认案件，应当组成合议庭进行审查，并询问当事人。

**2.《最高人民法院关于确认仲裁协议效力几个问题的批复》**
（1998 年 10 月 26 日）

山东省高级人民法院：

你院鲁高法函〔1997〕84 号《关于认定重建仲裁机构前达成的仲裁协议的效力的几个问题的请示》收悉。经研究，答复如下：

一、在《中华人民共和国仲裁法》实施后重新组建仲裁机构前，当事人达成的仲裁协议只约定了仲裁地点，未约定仲裁机构，双方当事人在补充协议中选定了在该地点依法重新组建的仲裁机构的，仲裁协议有效；双方当事人达不成补充协议的，仲裁协议无效。

二、在仲裁法实施后依法重新组建仲裁机构前，当事人在仲裁协议中约定了仲裁机构，一方当事人申请仲裁，另一方当事人向人民法院起诉的，经人民法院审查，按照有关规定能够确定新的仲裁机构的，仲裁协议有效。对当事人的起诉，人民法院不予受理。

三、当事人对仲裁协议的效力有异议，一方当事人申请仲裁机构确认仲裁协议效力，另一方当事人请求人民法院确认仲裁协议无效，如果仲裁机构先于人民法院接受申请并已作出决定，人民法院不予受理；如果仲裁机构接受申请后尚未作出决定，人民法院应予受理，同时通知仲裁机构终止仲裁。

四、一方当事人就合同纠纷或者其他财产权益纠纷申请仲裁，另一方当事人对仲裁协议的效力有异议，请求人民法院确认仲裁协议无效并就合同纠纷或者其他财产权益纠纷起诉的，人民法院受理后应当通知仲裁机构中止仲裁。人民法院依法作出仲裁协议有效或者无效的裁定后，应当将裁定书副本送达仲裁机构，由仲裁机构根据人民法院的裁定恢复仲裁或者撤销仲裁案件。

人民法院依法对仲裁协议作出无效的裁定后，另一方当事人拒不应诉的，人民法院可以缺席判决；原受理仲裁申请的仲裁机构在人民法院确认仲裁协议无效后仍不撤销其仲裁案件的，不影响人民法院对案件的审理。

此复

● **案例指引**

**林某荣申请确认仲裁协议效力案**（广东高院发布第二批仲裁司法审查典型案例①之三）

**裁判要旨**：生效裁判认为，根据《仲裁法》第二十条的规定："当事人对仲裁协议的效力有异议的，可以请求仲裁委员会作出决定或者请求人民法院作出裁定。一方请求仲裁委员会作出决定，另一方请求人民法院作出裁定的，由人民法院裁定。当事人对仲裁协议的效力有异议，应当在仲裁庭首次开庭前提出。"即现行法律并未规定当事人请求人民法院确认仲裁协议效力需以发生争议且已提请仲裁为前提。在尚未产生争议情形下，当事人申请确认仲裁协议效力的，人民法院应予受理。遂撤销一审裁定，指令一审法院审理本案。

《仲裁法》第二十条规定系对纠纷进入仲裁程序后，当事人提出仲裁协议效力异议的时间节点作出要求，其立法目的并非将当事人申请确认仲裁协议效力的前提限于已发生争议或提请仲裁。本案明确当事人有权在争议发生前直接通过司法程序确认仲裁协议效力，明确相关法律规则的适用，有利于提前化解潜在争议，具有较强实践意义。

---

① 《广东高院发布第二批仲裁司法审查典型案例》，载"广东省高级人民法院"微信公众号，2025 年 8 月 8 日。

# 第四章 仲 裁 程 序

## 第一节 申请和受理

**第三十二条** 申请仲裁的条件

当事人申请仲裁应当符合下列条件：

（一）有仲裁协议；

（二）有具体的仲裁请求和事实、理由；

（三）属于仲裁机构的受理范围。

**第三十三条** 申请仲裁时应递交的文件

当事人申请仲裁，应当向仲裁机构递交仲裁协议、仲裁申请书及副本。

**第三十四条** 仲裁申请书的内容

仲裁申请书应当载明下列事项：

（一）当事人的姓名、性别、年龄、职业、工作单位、住所、联系方式，法人或者非法人组织的名称、住所和法定代表人或者主要负责人的姓名、职务、联系方式；

（二）仲裁请求和所根据的事实与理由；

（三）证据和证据来源，证人姓名和住所。

**第三十五条** 仲裁申请的受理与不受理

仲裁机构收到仲裁申请书之日起五日内，认为符合受理条件的，应当受理，并通知申请人；认为不符合受理条件的，应当书面通知申请人不予受理，并说明理由。

● **法　律**

**《民事诉讼法》**（2023 年 9 月 1 日）

　　**第 85 条**　期间包括法定期间和人民法院指定的期间。

　　期间以时、日、月、年计算。期间开始的时和日，不计算在期间内。

　　期间届满的最后一日是法定休假日的，以法定休假日后的第一日为期间届满的日期。

　　期间不包括在途时间，诉讼文书在期满前交邮的，不算过期。

<table>
<tr><td>第三十六条</td><td>受理后的准备工作</td></tr>
</table>

　　仲裁机构受理仲裁申请后，应当在仲裁规则规定的期限内将仲裁规则和仲裁员名册送达申请人，并将仲裁申请书副本和仲裁规则、仲裁员名册送达被申请人。

　　被申请人收到仲裁申请书副本后，应当在仲裁规则规定的期限内向仲裁机构提交答辩书。仲裁机构收到答辩书后，应当在仲裁规则规定的期限内将答辩书副本送达申请人。被申请人未提交答辩书的，不影响仲裁程序的进行。

● **法　律**

**《民事诉讼法》**（2023 年 9 月 1 日）

　　**第 87 条**　送达诉讼文书必须有送达回证，由受送达人在送达回证上记明收到日期，签名或者盖章。

　　受送达人在送达回证上的签收日期为送达日期。

　　**第 88 条**　送达诉讼文书，应当直接送交受送达人。受送达人是公民的，本人不在交他的同住成年家属签收；受送达人是法人或者其他组织的，应当由法人的法定代表人、其他组织的主要负责人或者该法人、组织负责收件的人签收；受送达人有诉讼代

理人的，可以送交其代理人签收；受送达人已向人民法院指定代
收人的，送交代收人签收。

受送达人的同住成年家属，法人或者其他组织的负责收件的
人，诉讼代理人或者代收人在送达回证上签收的日期为送达
日期。

第89条 受送达人或者他的同住成年家属拒绝接收诉讼文
书的，送达人可以邀请有关基层组织或者所在单位的代表到场，
说明情况，在送达回证上记明拒收事由和日期，由送达人、见证
人签名或者盖章，把诉讼文书留在受送达人的住所；也可以把诉
讼文书留在受送达人的住所，并采用拍照、录像等方式记录送达
过程，即视为送达。

第90条 经受送达人同意，人民法院可以采用能够确认其
收悉的电子方式送达诉讼文书。通过电子方式送达的判决书、裁
定书、调解书，受送达人提出需要纸质文书的，人民法院应当
提供。

采用前款方式送达的，以送达信息到达受送达人特定系统的
日期为送达日期。

第91条 直接送达诉讼文书有困难的，可以委托其他人民
法院代为送达，或者邮寄送达。邮寄送达的，以回执上注明的收
件日期为送达日期。

第92条 受送达人是军人的，通过其所在部队团以上单位
的政治机关转交。

第93条 受送达人被监禁的，通过其所在监所转交。

受送达人被采取强制性教育措施的，通过其所在强制性教育
机构转交。

第94条 代为转交的机关、单位收到诉讼文书后，必须立
即交受送达人签收，以在送达回证上的签收日期，为送达日期。

第95条 受送达人下落不明，或者用本节规定的其他方式

无法送达的，公告送达。自发出公告之日起，经过三十日，即视为送达。

公告送达，应当在案卷中记明原因和经过。

## 第三十七条　　仲裁协议的当事人一方向人民法院起诉的处理

当事人达成仲裁协议，一方向人民法院提起诉讼未声明有仲裁协议，人民法院受理后，另一方在首次开庭前提交仲裁协议的，人民法院应当驳回起诉，但仲裁协议无效或者法律另有规定的除外；另一方在首次开庭前未对人民法院受理该案提出异议的，视为放弃仲裁协议，人民法院应当继续审理。

● 司法解释及文件

《最高人民法院关于适用〈中华人民共和国仲裁法〉若干问题的解释》（2008 年 12 月 16 日）

第 14 条　仲裁法第二十六条规定的"首次开庭"是指答辩期满后人民法院组织的第一次开庭审理，不包括审前程序中的各项活动。

第 15 条　人民法院审理仲裁协议效力确认案件，应当组成合议庭进行审查，并询问当事人。

第 16 条　对涉外仲裁协议的效力审查，适用当事人约定的法律；当事人没有约定适用的法律但约定了仲裁地的，适用仲裁地法律；没有约定适用的法律也没有约定仲裁地或者仲裁地约定不明的，适用法院地法律。

## 第三十八条　　仲裁请求的放弃、变更、承认、反驳以及反请求

申请人可以放弃或者变更仲裁请求。被申请人可以承认或者反驳仲裁请求，有权提出反请求。

● 行业规定

1.《中国国际经济贸易仲裁委员会仲裁规则（2024 版）》（2023
年 9 月 2 日）

第 16 条　反请求

（一）被申请人如有反请求，应自收到仲裁通知后 45 天内以
书面形式提交。被申请人确有正当理由请求延长提交反请求期限
的，由仲裁庭决定是否延长反请求期限；仲裁庭尚未组成的，由
仲裁委员会仲裁院作出决定。

（二）被申请人提出反请求时，应在其反请求申请书中写明
具体的反请求事项及其所依据的事实和理由，并附具有关的证据
材料以及其他证明文件。

（三）被申请人提出反请求，应按照仲裁委员会制定的仲裁
费用表中规定的时间内预缴仲裁费。被申请人未按期缴纳反请求
仲裁费的，视同未提出反请求申请。

（四）仲裁委员会仲裁院认为被申请人提出反请求的手续已
完备的，应向双方当事人发出反请求受理通知。申请人应在收到
反请求受理通知后 30 天内针对被申请人的反请求提交答辩。申
请人确有正当理由请求延长提交答辩期限的，由仲裁庭决定是否
延长答辩期限；仲裁庭尚未组成的，由仲裁委员会仲裁院作出
决定。

（五）仲裁庭有权决定是否接受逾期提交的反请求和反请求
答辩书。

（六）申请人对被申请人的反请求未提出书面答辩的，不影
响仲裁程序的进行。

第 17 条　变更仲裁请求或反请求

申请人可以申请对仲裁请求进行变更，被申请人也可以申请
对反请求进行变更；但是仲裁庭认为提出变更的时间过迟而影响
仲裁程序正常进行的，可以拒绝受理变更请求申请。

## 第18条　追加当事人

（一）在仲裁程序中，一方当事人依据表面上约束被追加当事人的案涉仲裁协议可以向仲裁委员会申请追加当事人。在仲裁庭组成后申请追加当事人的，如果仲裁庭认为确有必要，应在征求包括被追加当事人在内的各方当事人的意见后，由仲裁委员会作出决定。

仲裁委员会仲裁院收到追加当事人申请之日视为针对该被追加当事人的仲裁开始之日。

（二）追加当事人申请书应包含现有仲裁案件的案号，涉及被追加当事人在内的所有当事人的名称、住所及通讯方式，追加当事人所依据的仲裁协议、事实和理由，以及仲裁请求。

当事人在提交追加当事人申请书时，应附具其申请所依据的证据材料以及其他证明文件。

（三）任何一方当事人就追加当事人程序提出仲裁协议及/或仲裁案件管辖权异议的，适用本规则第六条相关规定作出管辖权决定。

（四）追加当事人程序开始后，在仲裁庭组成之前，由仲裁委员会仲裁院就仲裁程序的进行作出决定；在仲裁庭组成之后，由仲裁庭就仲裁程序的进行作出决定。

（五）在仲裁庭组成之前追加当事人的，本规则有关当事人选定或委托仲裁委员会主任指定仲裁员的规定适用于被追加当事人。仲裁庭的组成应按照本规则第二十九条的规定进行。

在仲裁庭组成后决定追加当事人的，仲裁庭应就已经进行的包括仲裁庭组成在内的仲裁程序征求被追加当事人的意见。被追加当事人要求选定或委托仲裁委员会主任指定仲裁员的，双方当事人应重新选定或委托仲裁委员会主任指定仲裁员。仲裁庭的组成应按照本规则第二十九条的规定进行。

（六）本规则有关当事人提交答辩及反请求的规定适用于被

追加当事人。被追加当事人提交答辩及反请求的期限自收到追加当事人仲裁通知后起算。

（七）案涉仲裁协议表面上不能约束被追加当事人或存在其他任何不宜追加当事人的情形的，仲裁委员会有权决定不予追加。

**第 19 条　合并仲裁**

（一）符合下列条件之一的，经一方当事人请求，仲裁委员会可以决定将根据本规则进行的两个或两个以上的仲裁案件合并为一个仲裁案件进行审理。

1. 各案仲裁请求依据同一个仲裁协议提出；

2. 各案仲裁请求依据多个合同仲裁协议提出，该多个合同系主从合同关系、或多个合同所涉当事人相同及法律关系性质相同、或多个合同所涉标的具有牵连关系，且多个合同仲裁协议内容相同或相容；

3. 所有案件的当事人均同意合并仲裁。

（二）根据上述第（一）款决定合并仲裁时，仲裁委员会应考虑各方当事人的意见及相关仲裁案件之间的关联性等因素，包括不同案件的仲裁员的选定或指定情况。

（三）除非各方当事人另有约定，合并的仲裁案件应合并至最先开始仲裁程序的仲裁案件。

（四）仲裁案件合并后，在仲裁庭组成之前，由仲裁委员会仲裁院就程序的进行作出决定；仲裁庭组成后，由仲裁庭就程序的进行作出决定。

**第 20 条　仲裁文件的提交与交换**

（一）当事人的仲裁文件应提交至仲裁委员会仲裁院。

（二）仲裁程序中需发送或转交的仲裁文件，由仲裁委员会仲裁院发送或转交仲裁庭及当事人，当事人另有约定并经仲裁庭同意或仲裁庭另有决定者除外。

第 21 条　仲裁文件的提交方式与份数

（一）当事人的仲裁申请书、答辩书、反请求书和证据材料以及其他仲裁文件可优先采用电子方式提交。

（二）当事人以电子方式提交的，如仲裁委员会仲裁院或仲裁庭认为有必要，可要求其提交相同的纸质文本。电子文本与纸质文本不一致的，以电子文本为准，除非当事人另有约定。

（三）当事人以纸质方式提交的，应一式五份；多方当事人的案件，应增加相应份数；当事人提出保全措施申请的，应增加相应份数；仲裁庭组成人数为一人的，应相应减少两份。

## 2.《中国海事仲裁委员会仲裁规则》（2021 年 9 月 13 日）

第 16 条　反请求

（一）被申请人如有反请求，应自收到仲裁通知后 30 日内以书面形式提交。被申请人确有正当理由请求延长反请求期限的，由仲裁庭决定；仲裁庭尚未组成的，由仲裁委员会仲裁院决定。

（二）被申请人提出反请求，应在反请求申请书中写明具体的反请求事项及所依据的事实和理由，并附具有关的证据材料以及其他证明文件。

（三）被申请人提出反请求，应按照仲裁委员会仲裁费用表在规定的时间内预缴仲裁费。被申请人未按期缴纳反请求仲裁费的，视同未提出反请求。

（四）仲裁委员会仲裁院认为被申请人提出反请求的手续已完备的，应向双方当事人发出反请求受理通知。申请人应在收到反请求受理通知后 30 日内针对被申请人的反请求提交答辩。申请人确有正当理由请求延长答辩期限的，由仲裁庭决定；仲裁庭尚未组成的，由仲裁委员会仲裁院决定。

（五）仲裁庭有权决定是否接受逾期提交的反请求和反请求答辩书。

（六）申请人对被申请人的反请求未提出书面答辩的，不影响仲裁程序的进行。

第 17 条　变更仲裁请求或反请求

申请人可以申请对仲裁请求进行变更，被申请人也可以申请对反请求进行变更；仲裁庭认为申请人或被申请人提出变更的时间过迟而影响仲裁程序正常进行的，可以拒绝其变更请求。

第 18 条　追加当事人

（一）在仲裁程序中，一方当事人依据表面上约束被追加当事人的案涉仲裁协议可以向仲裁委员会申请追加当事人。在仲裁庭组成后申请追加当事人的，如果仲裁庭认为确有必要，应在征求包括被追加当事人在内的各方当事人的意见后，由仲裁委员会决定。

仲裁委员会仲裁院收到追加当事人申请之日视为针对该被追加当事人的仲裁开始之日。

（二）追加当事人申请书应包含现有仲裁案件的案号，涉及被追加当事人在内的所有当事人的名称、住所及通讯方式，追加当事人所依据的仲裁协议、事实和理由，以及仲裁请求。

当事人在提交追加当事人申请书时，应附具申请所依据的证据材料以及其他证明文件。

（三）任何一方当事人就追加当事人程序提出仲裁协议及/或仲裁案件管辖权异议的，仲裁委员会有权基于仲裁协议及相关证据作出是否具有管辖权的决定。

（四）追加当事人程序开始后，在仲裁庭组成之前，由仲裁委员会仲裁院就仲裁程序的进行作出决定；在仲裁庭组成之后，由仲裁庭就仲裁程序的进行作出决定。

（五）在仲裁庭组成之前追加当事人的，本规则有关当事人选定或委托仲裁委员会主任指定仲裁员的规定适用于被追加当事人。仲裁庭的组成应按照本规则第三十三条的规定进行。

在仲裁庭组成后决定追加当事人的，仲裁庭应就已经进行的包括仲裁庭组成在内的仲裁程序征求被追加当事人的意见。被追加当事人要求选定或委托仲裁委员会主任指定仲裁员的，双方当事人应重新选定或委托仲裁委员会主任指定仲裁员。仲裁庭的组成应按照本规则第三十三条的规定进行。

（六）本规则有关当事人提交答辩及反请求的规定适用于被追加当事人。被追加当事人提交答辩及反请求的期限自收到追加当事人仲裁通知后起算。

（七）案涉仲裁协议表面上不能约束被追加当事人或存在其他任何不宜追加当事人的情形的，仲裁委员会有权决定不予追加。

### 第 19 条　合并仲裁

（一）符合下列条件之一的，经一方当事人请求，仲裁委员会可以决定将根据本规则进行的两个或两个以上的仲裁案件合并为一个仲裁案件进行审理，但是仲裁协议明确约定拒绝合并仲裁的除外：

1. 各案仲裁请求依据同一个仲裁协议提出的；

2. 各案仲裁请求依据多个仲裁协议提出，该多个仲裁协议内容相同或兼容，且各案当事人相同、各争议所涉及的法律关系性质相同的；

3. 各案仲裁请求依据多个仲裁协议提出，该多个仲裁协议内容相同或兼容，且涉及的多份合同为主从合同关系的；

4. 各争议涉及同一交易或同一系列相关交易的；

5. 不具备上述任一条件，但所有案件当事人均同意合并仲裁的。

（二）根据上述第（一）款决定合并仲裁时，仲裁委员会应考虑各方当事人的意见、各案仲裁庭的意见及相关仲裁案件之间的关联性等因素，包括不同案件的仲裁员的选定或指定情况。

（三）除非各方当事人另有约定，合并的仲裁案件应合并至最先开始仲裁程序的仲裁案件。

（四）案件合并前各案均未组成仲裁庭的，应依照本规则第二章第三节的规定组成仲裁庭；案件合并前各案均已组成相同仲裁庭的，合并后不再另行组成仲裁庭；案件合并前部分案件已经组成仲裁庭，部分案件尚未组成仲裁庭或组成的仲裁庭不相同的，由各方当事人就合并后仲裁庭的组成进行协商。如各方当事人未能在收到合并仲裁的通知后 15 日内达成一致意见，则应依照本规则第二章第三节的规定重新组成仲裁庭。

（五）仲裁案件合并后，在仲裁庭组成之前，由仲裁委员会仲裁院就程序的进行作出决定；仲裁庭组成后，由仲裁庭就程序的进行作出决定。

（六）仲裁委员会可以就合并仲裁后的仲裁费用进行调整。

**第 20 条　仲裁文件的提交与交换**

（一）当事人的仲裁文件应提交至仲裁委员会仲裁院。

（二）仲裁程序中需发送或转交的仲裁文件，由仲裁委员会仲裁院发送或转交仲裁庭及当事人，当事人另有约定并经仲裁庭同意或仲裁庭另有决定者除外。

**第 21 条　仲裁文件的份数**

当事人提交的仲裁申请书、答辩书、反请求书和证据材料以及其他仲裁文件，应一式五份；多方当事人的案件，应增加相应份数；当事人申请财产保全或证据保全的，应增加相应份数；仲裁庭组成人数为一人的，应相应减少两份。

## 第三十九条　仲裁保全

一方当事人因另一方当事人的行为或者其他原因，可能使裁决难以执行或者造成当事人其他损害的，可以申请财产保全、请求责令另一方当事人作出一定行为或者禁止其作出一定行为。当事人申请保全的，仲裁机构应当将当事人的申请依照《中华人民共和国民事诉讼法》的有关规定提交人民法院，人民法院应当依法及时处理。

因情况紧急，仲裁协议的当事人可以在申请仲裁前依照《中华人民共和国民事诉讼法》的有关规定向人民法院申请财产保全、请求责令另一方当事人作出一定行为或者禁止其作出一定行为。当事人申请保全的，人民法院应当依法及时处理。

申请有错误的，申请人应当赔偿被申请人因保全所遭受的损失。

## ● 法　律

1.《民事诉讼法》（2023 年 9 月 1 日）

第 103 条　人民法院对于可能因当事人一方的行为或者其他原因，使判决难以执行或者造成当事人其他损害的案件，根据对方当事人的申请，可以裁定对其财产进行保全、责令其作出一定行为或者禁止其作出一定行为；当事人没有提出申请的，人民法院在必要时也可以裁定采取保全措施。

人民法院采取保全措施，可以责令申请人提供担保，申请人不提供担保的，裁定驳回申请。

人民法院接受申请后，对情况紧急的，必须在四十八小时内作出裁定；裁定采取保全措施的，应当立即开始执行。

第 104 条　利害关系人因情况紧急，不立即申请保全将会使其合法权益受到难以弥补的损害的，可以在提起诉讼或者申请仲裁前向被保全财产所在地、被申请人住所地或者对案件有管辖权的人民法院申请采取保全措施。申请人应当提供担保，不提供担保的，裁定驳回申请。

人民法院接受申请后，必须在四十八小时内作出裁定；裁定采取保全措施的，应当立即开始执行。

申请人在人民法院采取保全措施后三十日内不依法提起诉讼或者申请仲裁的，人民法院应当解除保全。

第 105 条 保全限于请求的范围，或者与本案有关的财物。

第 106 条 财产保全采取查封、扣押、冻结或者法律规定的其他方法。人民法院保全财产后，应当立即通知被保全财产的人。

财产已被查封、冻结的，不得重复查封、冻结。

第 107 条 财产纠纷案件，被申请人提供担保的，人民法院应当裁定解除保全。

第 108 条 申请有错误的，申请人应当赔偿被申请人因保全所遭受的损失。

第 109 条 人民法院对下列案件，根据当事人的申请，可以裁定先予执行：

（一）追索赡养费、扶养费、抚养费、抚恤金、医疗费用的；

（二）追索劳动报酬的；

（三）因情况紧急需要先予执行的。

第 110 条 人民法院裁定先予执行的，应当符合下列条件：

（一）当事人之间权利义务关系明确，不先予执行将严重影响申请人的生活或者生产经营的；

（二）被申请人有履行能力。

人民法院可以责令申请人提供担保，申请人不提供担保的，驳回申请。申请人败诉的，应当赔偿被申请人因先予执行遭受的财产损失。

第 111 条 当事人对保全或者先予执行的裁定不服的，可以申请复议一次。复议期间不停止裁定的执行。

● 行政法规及文件

2.《国务院办公厅关于贯彻实施〈中华人民共和国仲裁法〉需要明确的几个问题的通知》（1996 年 6 月 8 日）

各省、自治区、直辖市人民政府，国务院各部委、各直属机构：

为了保障《中华人民共和国仲裁法》（以下简称仲裁法）的正确实施，保证仲裁工作的连续性，保护经济纠纷当事人的合法权益，维护经济秩序，经国务院同意，现将贯彻实施仲裁法需要明确的几个问题通知如下，请认真贯彻执行：

一、国务院办公厅1995年8月1日印发的《重新组建仲裁机构方案》（国办发〔1995〕44号）中关于新组建的仲裁委员会与原有仲裁机构受理仲裁案件衔接的规定修改为：仲裁法施行前当事人依法订立的仲裁协议继续有效；原仲裁协议选定或者按照仲裁法施行前国家有关仲裁的规定由直辖市或者省、自治区人民政府所在地的市或者其他设区的市范围内原各级仲裁机构仲裁的，分别由原仲裁机构所在地的直辖市或者省、自治区人民政府所在地的市或者其他设区的市新组建的仲裁委员会受理；原仲裁机构所在的地方依法不能组建或者可以组建但未组建仲裁委员会的，由省、自治区人民政府所在地的市新组建的仲裁委员会受理。凡当事人双方达成新的仲裁协议、选定其他新组建的仲裁委员会仲裁的，由双方选定的新组建的仲裁委员会受理；凡当事人双方协议放弃仲裁、选择诉讼方式解决纠纷、向人民法院起诉的，由人民法院受理。

二、国内仲裁案件的当事人依照仲裁法第二十八条的规定申请财产保全的，仲裁委员会应当将当事人的申请依照《中华人民共和国民事诉讼法》的有关规定提交被申请人住所地或者财产所在地的基层人民法院。

三、新组建的仲裁委员会的主要职责是受理国内仲裁案件；涉外仲裁案件的当事人自愿选择新组建的仲裁委员会仲裁的，新组建的仲裁委员会可以受理；新组建的仲裁委员会受理的涉外仲裁案件的仲裁收费与国内仲裁案件的仲裁收费应当采用同一标准。

四、请有关行政机关自本通知发布之日起两个月内，对其在仲裁法施行前制定的标准（格式）合同、合同示范文本中合同争议解决方式条款依照仲裁法的规定予以修订。修订后的格式是，合同争议解决方式由当事人在合同中约定从下列两种方式中选择一种：

（一）因履行本合同发生的争议，由当事人协商解决，协商不成的，提交××仲裁委员会仲裁；

（二）因履行本合同发生的争议，由当事人协商解决，协商不成的，依法向人民法院起诉。

本通知中有关法院职权范围内的问题，经商最高人民法院同意，将由最高人民法院另行发文。

● 司法解释及文件

3.《最高人民法院关于人民法院办理财产保全案件若干问题的规定》（2020 年 12 月 29 日）

第 3 条 仲裁过程中，当事人申请财产保全的，应当通过仲裁机构向人民法院提交申请书及仲裁案件受理通知书等相关材料。人民法院裁定采取保全措施或者裁定驳回申请的，应当将裁定书送达当事人，并通知仲裁机构。

● 行业规定

4.《中国国际经济贸易仲裁委员会仲裁规则（2024 版）》（2023 年 9 月 2 日）

第 23 条 保全措施及临时措施

（一）当事人申请保全措施的，仲裁委员会应当将当事人的保全措施申请转交当事人指明的有管辖权的法院。

仲裁委员会可依据当事人的请求，将其提交的保全措施申请在仲裁通知发出前先行转交上述法院。

（二）根据所适用的法律或当事人的约定，当事人可以依据《中国国际经济贸易仲裁委员会紧急仲裁员程序》（本规则附件三）向仲裁委员会仲裁院申请紧急性临时救济。紧急仲裁员可以决定采取必要或适当的紧急性临时救济措施。紧急仲裁员决定对双方当事人具有约束力。

（三）经一方当事人请求，仲裁庭依据所适用的法律或当事人的约定可以决定采取其认为必要或适当的临时措施，并有权决定由请求临时措施的一方当事人提供适当的担保。

5.《中国海事仲裁委员会仲裁规则》（2021年9月13日）

### 第23条　财产保全

当事人申请海事请求保全或其他财产保全的，仲裁委员会应当将当事人的申请提交被申请人住所地或其财产所在地的海事法院或其他有管辖权的法院作出裁定；当事人在仲裁程序开始前申请海事请求保全或其他财产保全的，应当依照《中华人民共和国海事诉讼特别程序法》或《中华人民共和国民事诉讼法》的规定，直接向被保全的财产所在地海事法院或其他有管辖权的法院提出。

## 第四十条　仲裁代理

当事人、法定代理人可以委托律师和其他代理人进行仲裁活动。委托律师和其他代理人进行仲裁活动的，应当向仲裁机构提交授权委托书。

● **法　律**

1.《民法典》（2020年5月28日）

第一编　总　　则

……

第七章　代　　理

第一节　一般规定

第161条　民事主体可以通过代理人实施民事法律行为。

依照法律规定、当事人约定或者民事法律行为的性质，应当由本人亲自实施的民事法律行为，不得代理。

第 162 条　代理人在代理权限内，以被代理人名义实施的民事法律行为，对被代理人发生效力。

第 163 条　代理包括委托代理和法定代理。

委托代理人按照被代理人的委托行使代理权。法定代理人依照法律的规定行使代理权。

第 164 条　代理人不履行或者不完全履行职责，造成被代理人损害的，应当承担民事责任。

代理人和相对人恶意串通，损害被代理人合法权益的，代理人和相对人应当承担连带责任。

### 第二节　委 托 代 理

第 165 条　委托代理授权采用书面形式的，授权委托书应当载明代理人的姓名或者名称、代理事项、权限和期限，并由被代理人签名或者盖章。

第 166 条　数人为同一代理事项的代理人的，应当共同行使代理权，但是当事人另有约定的除外。

第 167 条　代理人知道或者应当知道代理事项违法仍然实施代理行为，或者被代理人知道或者应当知道代理人的代理行为违法未作反对表示的，被代理人和代理人应当承担连带责任。

第 168 条　代理人不得以被代理人的名义与自己实施民事法律行为，但是被代理人同意或者追认的除外。

代理人不得以被代理人的名义与自己同时代理的其他人实施民事法律行为，但是被代理的双方同意或者追认的除外。

第 169 条　代理人需要转委托第三人代理的，应当取得被代理人的同意或者追认。

转委托代理经被代理人同意或者追认的，被代理人可以就代理事务直接指示转委托的第三人，代理人仅就第三人的选任以及对第三人的指示承担责任。

转委托代理未经被代理人同意或者追认的，代理人应当对转委托的第三人的行为承担责任；但是，在紧急情况下代理人为了维护被代理人的利益需要转委托第三人代理的除外。

第170条　执行法人或者非法人组织工作任务的人员，就其职权范围内的事项，以法人或者非法人组织的名义实施的民事法律行为，对法人或者非法人组织发生效力。

法人或者非法人组织对执行其工作任务的人员职权范围的限制，不得对抗善意相对人。

第171条　行为人没有代理权、超越代理权或者代理权终止后，仍然实施代理行为，未经被代理人追认的，对被代理人不发生效力。

相对人可以催告被代理人自收到通知之日起三十日内予以追认。被代理人未作表示的，视为拒绝追认。行为人实施的行为被追认前，善意相对人有撤销的权利。撤销应当以通知的方式作出。

行为人实施的行为未被追认的，善意相对人有权请求行为人履行债务或者就其受到的损害请求行为人赔偿。但是，赔偿的范围不得超过被代理人追认时相对人所能获得的利益。

相对人知道或者应当知道行为人无权代理的，相对人和行为人按照各自的过错承担责任。

第172条　行为人没有代理权、超越代理权或者代理权终止后，仍然实施代理行为，相对人有理由相信行为人有代理权的，代理行为有效。

### 第三节　代 理 终 止

第173条　有下列情形之一的，委托代理终止：

（一）代理期限届满或者代理事务完成；

（二）被代理人取消委托或者代理人辞去委托；

（三）代理人丧失民事行为能力；

（四）代理人或者被代理人死亡；

（五）作为代理人或者被代理人的法人、非法人组织终止。

**第 174 条** 被代理人死亡后，有下列情形之一的，委托代理人实施的代理行为有效：

（一）代理人不知道且不应当知道被代理人死亡；

（二）被代理人的继承人予以承认；

（三）授权中明确代理权在代理事务完成时终止；

（四）被代理人死亡前已经实施，为了被代理人的继承人的利益继续代理。

作为被代理人的法人、非法人组织终止的，参照适用前款规定。

**第 175 条** 有下列情形之一的，法定代理终止：

（一）被代理人取得或者恢复完全民事行为能力；

（二）代理人丧失民事行为能力；

（三）代理人或者被代理人死亡；

（四）法律规定的其他情形。

2. 《民事诉讼法》（2023 年 9 月 1 日）

**第 60 条** 无诉讼行为能力人由他的监护人作为法定代理人代为诉讼。法定代理人之间互相推诿代理责任的，由人民法院指定其中一人代为诉讼。

**第 61 条** 当事人、法定代理人可以委托一至二人作为诉讼代理人。

下列人员可以被委托为诉讼代理人：

（一）律师、基层法律服务工作者；

（二）当事人的近亲属或者工作人员；

（三）当事人所在社区、单位以及有关社会团体推荐的公民。

**第 62 条** 委托他人代为诉讼，必须向人民法院提交由委托人签名或者盖章的授权委托书。

授权委托书必须记明委托事项和权限。诉讼代理人代为承认、放弃、变更诉讼请求，进行和解，提起反诉或者上诉，必须有委托人的特别授权。

侨居在国外的中华人民共和国公民从国外寄交或者托交的授权委托书，必须经中华人民共和国驻该国的使领馆证明；没有使领馆的，由与中华人民共和国有外交关系的第三国驻该国的使领馆证明，再转由中华人民共和国驻该第三国使领馆证明，或者由当地的爱国华侨团体证明。

第63条 诉讼代理人的权限如果变更或者解除，当事人应当书面告知人民法院，并由人民法院通知对方当事人。

第64条 代理诉讼的律师和其他诉讼代理人有权调查收集证据，可以查阅本案有关材料。查阅本案有关材料的范围和办法由最高人民法院规定。

**第四十一条** **仲裁文件送达**

仲裁文件应当以当事人约定的合理方式送达；当事人没有约定或者约定不明确的，按照仲裁规则规定的方式送达。

## 第二节 仲裁庭的组成

**第四十二条** **仲裁庭的组成**

仲裁庭可以由三名仲裁员或者一名仲裁员组成。由三名仲裁员组成的，设首席仲裁员。

**第四十三条** **仲裁员的选任**

当事人约定由三名仲裁员组成仲裁庭的，应当各自选定或者各自委托仲裁机构主任按照仲裁规则确定的程序指定一名仲裁员；第三名仲裁员由当事人共同选定，也可以由当事人共同委托仲裁机构主任按照仲裁规则确定的程序指定。当事人约定第三名仲裁员由其各自选定的仲裁员共同选定的，从其约定。第三名仲裁员是首席仲裁员。

当事人约定由一名仲裁员成立仲裁庭的，仲裁员由当事人共同选定，也可以由当事人共同委托仲裁机构主任按照仲裁规则确定的程序指定。

## 第四十四条　仲裁员的指定

当事人没有在仲裁规则规定的期限内约定仲裁庭的组成方式或者选定仲裁员的，由仲裁机构主任按照仲裁规则确定的程序确定或者指定。

## 第四十五条　书面披露与通知

仲裁员存在可能导致当事人对其独立性、公正性产生合理怀疑情形的，该仲裁员应当及时向仲裁机构书面披露。

仲裁机构应当将仲裁员书面披露情况、仲裁庭的组成情况书面通知当事人。

## 第四十六条　仲裁员回避的方式与理由

仲裁员有下列情形之一的，必须回避，当事人也有权提出回避申请：

（一）是本案当事人、代理人，或者当事人、代理人的近亲属；

（二）与本案有利害关系；

（三）与本案当事人、代理人有其他关系，可能影响公正仲裁；

（四）私自会见当事人、代理人，或者接受当事人、代理人的请客送礼。

## ● 法 律

《民事诉讼法》（2023 年 9 月 1 日）

　　**第 47 条** 审判人员有下列情形之一的，应当自行回避，当事人有权用口头或者书面方式申请他们回避：

　　（一）是本案当事人或者当事人、诉讼代理人近亲属的；

　　（二）与本案有利害关系的；

　　（三）与本案当事人、诉讼代理人有其他关系，可能影响对案件公正审理的。

　　审判人员接受当事人、诉讼代理人请客送礼，或者违反规定会见当事人、诉讼代理人的，当事人有权要求他们回避。

　　审判人员有前款规定的行为的，应当依法追究法律责任。

　　前三款规定，适用于法官助理、书记员、司法技术人员、翻译人员、鉴定人、勘验人。

　　**第 48 条** 当事人提出回避申请，应当说明理由，在案件开始审理时提出；回避事由在案件开始审理后知道的，也可以在法庭辩论终结前提出。

　　被申请回避的人员在人民法院作出是否回避的决定前，应当暂停参与本案的工作，但案件需要采取紧急措施的除外。

　　**第 49 条** 院长担任审判长或者独任审判员时的回避，由审判委员会决定；审判人员的回避，由院长决定；其他人员的回避，由审判长或者独任审判员决定。

　　**第 50 条** 人民法院对当事人提出的回避申请，应当在申请提出的三日内，以口头或者书面形式作出决定。申请人对决定不服的，可以在接到决定时申请复议一次。复议期间，被申请回避的人员，不停止参与本案的工作。人民法院对复议申请，应当在三日内作出复议决定，并通知复议申请人。

● 案例指引

**1. 某办事处与某建工集团公司申请撤销仲裁裁决案**（成都法院仲裁司法审查典型案例①之八）

裁判要旨：成都中院审查认为，有关裁判文书显示，近年来 Z 律师事务所的多名律师在某建工集团公司的多起案件中担任委托诉讼代理人。首席仲裁员罗某由该仲裁委员会指定担任。尽管罗某本人未在前述案件中担任委托诉讼代理人，但其所在的 Z 律师事务所与某建工集团公司之间确有持续的业务往来，且首席仲裁员罗某还系 Z 律师事务所的负责人，故罗某与某建工集团公司之间存在特定关系，可能影响公正仲裁，符合《仲裁法》第三十四条第三项以及该仲裁委员会《仲裁规则》第二十四条第一款第三项规定的"与本案当事人、代理人有其他关系，可能影响公正仲裁"的情形，应当回避。首席仲裁员罗某既未自行回避，也未披露其所在律师事务所与某建工集团公司之间的业务往来，仲裁庭所作裁决的公正性受到合理质疑，故对某办事处主张仲裁庭组成违反法定程序的意见予以支持，但可以通过重新组成仲裁庭重新仲裁的方式处理。遂通知该仲裁委员会重新仲裁。

仲裁员利益冲突问题与回避制度在国内仲裁领域日益受到重视。仲裁员需要保持独立性和公正性。一方面，由于仲裁员职业的临时性和非专职性，特别是律师群体已经成为仲裁员的重要来源，身兼律师和仲裁员的不同身份难免存在各种职业利益冲突。另一方面，《仲裁法》第三十四条第三项虽然规定了"与本案当事人、代理人有其他关系，可能影响公正仲裁"的兜底回避条款，但缺乏具体指引。实践中，通过仲裁规则详细列举回避情形的做法亦未普及。本案明

---

① 《成都法院仲裁司法审查典型案例》，载"成都市中级人民法院"微信公众号，2025 年 5 月 20 日。

确规则：将仲裁员所在律师事务所与一方当事人存在持续业务往来，既不自行回避，也不进行披露的，认定为《仲裁法》第三十四条第三项"可能影响公正仲裁"的"其他关系"，有力回应社会关切，助推仲裁公信建设。

**2. 王某申请撤销仲裁裁决案**（深圳市中级人民法院发布 2024 年度仲裁司法审查典型案例①之九）

**裁判要旨：**市中级人民法院认为，王某在仲裁庭首次开庭前已经知晓房某与仲裁员见面，但其并未以此为由申请仲裁员回避。根据《最高人民法院关于人民法院办理仲裁裁决执行案件若干问题的规定》第十四条第三款关于"适用的仲裁程序或仲裁规则经特别提示，当事人知道或者应当知道法定仲裁程序或选择的仲裁规则未被遵守，但仍然参加或者继续参加仲裁程序且未提出异议，在仲裁裁决作出之后以违反法定程序为由申请不予执行仲裁裁决的，人民法院不予支持"的规定，王某以首席仲裁员违反《仲裁规则》第三十二条第二项规定为由申请撤销涉案仲裁裁决不成立，应不予支持。房某作为某银行天津分行的副行长，仲裁案件所涉及的业务与某银行天津分行无任何关系，房某联系仲裁员前未披露其工作单位等身份信息，仲裁员也不知晓房某的职业身份，房某以其个人名义约见仲裁员，不是以仲裁案件当事人的身份约见仲裁员，且仲裁员在获悉房某为某银行员工后即行离开，双方并未讨论仲裁案件的案情，此种情形并未影响到仲裁案件的公正处理。因此，仲裁员未违反《仲裁法》第三十四条第三项、第四项的规定。王某以此为由申请撤销涉案仲裁裁决不成立，对其主张不予支持。故裁定驳回王某的申请。

人民法院依法认定仲裁员应回避的法定情形，体现对仲裁的充分支持。认定仲裁员是否存在私自会见当事人应予回避的情形，应考虑会见过程是否足以引起对仲裁员公正性的合理怀疑，而非只要

① 《深圳市中级人民法院发布 2024 年度仲裁司法审查典型案例》，载"深圳市中级人民法院"微信公众号，2025 年 7 月 29 日。

存在见面情形就应回避。本案中，会见人房某虽然系 A 银行员工，但其所在分行并未参与案涉业务，仲裁员也不知晓其职业身份，仲裁员获悉房某见面目的后即行离开。双方未讨论仲裁案件的案情，此种情形并不会引起对仲裁员公正性的合理怀疑，故不构成仲裁员应予回避的情形。

## 第四十七条　回避申请的提出

当事人提出回避申请，应当说明理由，在首次开庭前提出。回避事由在首次开庭后知道的，可以在最后一次开庭终结前提出。

● **法　律**

**《民事诉讼法》**（2023 年 9 月 1 日）

第 48 条　当事人提出回避申请，应当说明理由，在案件开始审理时提出；回避事由在案件开始审理后知道的，也可以在法庭辩论终结前提出。

被申请回避的人员在人民法院作出是否回避的决定前，应当暂停参与本案的工作，但案件需要采取紧急措施的除外。

## 第四十八条　回避的决定

仲裁员是否回避，由仲裁机构主任决定；仲裁机构主任担任仲裁员时，其是否回避由仲裁机构的其他组成人员集体决定。

● **法　律**

**《民事诉讼法》**（2023 年 9 月 1 日）

第 49 条　院长担任审判长或者独任审判员时的回避，由审判委员会决定；审判人员的回避，由院长决定；其他人员的回避，由审判长或者独任审判员决定。

第50条　人民法院对当事人提出的回避申请，应当在申请提出的三日内，以口头或者书面形式作出决定。申请人对决定不服的，可以在接到决定时申请复议一次。复议期间，被申请回避的人员，不停止参与本案的工作。人民法院对复议申请，应当在三日内作出复议决定，并通知复议申请人。

## 第四十九条　仲裁员的重新确定

仲裁员因回避或者其他原因不能履行职责的，应当依照本法规定重新选定或者指定仲裁员。

因回避而重新选定或者指定仲裁员后，当事人可以请求已进行的仲裁程序重新进行，是否准许，由仲裁庭决定；仲裁庭也可以自行决定已进行的仲裁程序是否重新进行。

## 第五十条　仲裁员的除名

仲裁员有本法第四十六条第四项规定的情形，情节严重的，或者有本法第七十一条第一款第六项规定的情形的，应当依法承担法律责任，仲裁机构应当将其除名。

● 法　律

《刑法》（2023年12月29日）

第385条　国家工作人员利用职务上的便利，索取他人财物的，或者非法收受他人财物，为他人谋取利益的，是受贿罪。

国家工作人员在经济往来中，违反国家规定，收受各种名义的回扣、手续费，归个人所有的，以受贿论处。

第386条　对犯受贿罪的，根据受贿所得数额及情节，依照本法第三百八十三条的规定处罚。索贿的从重处罚。

第399条之一　依法承担仲裁职责的人员，在仲裁活动中故意违背事实和法律作枉法裁决，情节严重的，处三年以下有期徒刑或者拘役；情节特别严重的，处三年以上七年以下有期徒刑。

## 第三节　开庭和裁决

**第五十一条　仲裁审理的方式**

仲裁应当开庭进行。当事人协议不开庭的，仲裁庭可以根据仲裁申请书、答辩书以及其他材料作出裁决。

**第五十二条　仲裁不公开原则**

仲裁不公开进行。当事人协议公开的，可以公开进行，但涉及国家秘密、他人的商业秘密或者个人隐私的除外。

**第五十三条　开庭日期的通知与延期开庭**

仲裁机构应当在仲裁规则规定的期限内将开庭日期通知双方当事人。当事人有正当理由的，可以在仲裁规则规定的期限内请求延期开庭。是否延期，由仲裁庭决定。

**第五十四条　当事人缺席的处理**

申请人经书面通知，无正当理由不到庭或者未经仲裁庭许可中途退庭的，可以视为撤回仲裁申请。

被申请人经书面通知，无正当理由不到庭或者未经仲裁庭许可中途退庭的，可以缺席裁决。

● **行业规定**

1.《中国国际经济贸易仲裁委员会仲裁规则（2024 版）》（2023年9月2日）

第 39 条　缺席审理

（一）申请人无正当理由开庭时不到庭的，或在开庭审理时未经仲裁庭许可中途退庭的，可以视为撤回仲裁申请；被申请人提出反请求的，不影响仲裁庭就反请求进行审理，并作出裁决。

（二）被申请人无正当理由开庭时不到庭的，或在开庭审理时未经仲裁庭许可中途退庭的，仲裁庭可以进行缺席审理并作出裁决；被申请人提出反请求的，可以视为撤回反请求。

**2.《中国海事仲裁委员会仲裁规则》**（2021 年 9 月 13 日）

**第 44 条　当事人缺席**

（一）申请人无正当理由开庭时不到庭的，或在开庭审理时未经仲裁庭许可中途退庭的，可以视为撤回仲裁申请；被申请人提出反请求的，不影响仲裁庭就反请求进行审理，作出裁决。

（二）被申请人无正当理由开庭时不到庭的，或在开庭审理时未经仲裁庭许可中途退庭的，仲裁庭可以进行缺席审理并作出裁决；被申请人提出反请求的，可以视为撤回反请求。

## 第五十五条　证据提供与收集

当事人应当对自己的主张提供证据。

仲裁庭认为有必要收集的证据，可以自行收集；必要时，可以请求有关方面依法予以协助。

● 司法解释及文件

**1.《最高人民法院关于民事诉讼证据的若干规定》**（2019 年 12 月 25 日）

**第 10 条　下列事实，当事人无须举证证明：**

（一）自然规律以及定理、定律；

（二）众所周知的事实；

（三）根据法律规定推定的事实；

（四）根据已知的事实和日常生活经验法则推定出的另一事实；

（五）已为仲裁机构的生效裁决所确认的事实；

（六）已为人民法院发生法律效力的裁判所确认的基本事实；

（七）已为有效公证文书所证明的事实。

前款第二项至第五项事实，当事人有相反证据足以反驳的除外；第六项、第七项事实，当事人有相反证据足以推翻的除外。

● **行业规定**

**2.《中国国际经济贸易仲裁委员会仲裁规则（2024 版）》**（2023年 9 月 2 日）

**第 41 条　举证**

（一）当事人应对其申请、答辩和反请求所依据的事实提供证据加以证明，对其主张、辩论及抗辩要点提供依据。

（二）仲裁庭可以规定当事人提交证据的期限。当事人应在规定的期限内提交证据。逾期提交的，仲裁庭可以不予接受。当事人在举证期限内提交证据材料确有困难的，可以在期限届满前申请延长举证期限。是否延长，由仲裁庭决定。

（三）当事人未能在规定的期限内提交证据，或虽提交证据但不足以证明其主张的，负有举证责任的当事人承担因此产生的后果。

（四）除非当事人另有约定，仲裁庭可以决定适用或部分适用《中国国际经济贸易仲裁委员会证据指引》（以下简称《证据指引》）审理案件，但该《证据指引》不构成本规则的组成部分。

**第 42 条　质证**

（一）除非当事人另有约定或协商一致，开庭审理的案件，证据应在开庭时出示，当事人可以质证。

（二）对于书面审理的案件的证据材料，或对于开庭后提交的证据材料且当事人同意书面质证的，可以进行书面质证。书面质证时，当事人应在仲裁庭规定的期限内提交书面质证意见。

**第 43 条　仲裁庭调查取证**

（一）仲裁庭认为必要时，可以调查事实，收集证据。

（二）仲裁庭调查事实、收集证据时，可以通知当事人到场。经通知，一方或双方当事人不到场的，不影响仲裁庭调查事实和收集证据。

（三）仲裁庭调查收集的证据，应转交当事人，给予当事人提出意见的机会。

## 3.《中国海事仲裁委员会仲裁规则》（2021 年 9 月 13 日）

**第 46 条　举证**

（一）当事人应对其申请、答辩和反请求所依据的事实提供证据加以证明，为其主张、辩论及抗辩要点提供依据。

（二）下列事实无需当事人举证，除非有足以推翻该事实的相反证据，仲裁庭可依职权予以认定：

（1）双方当事人没有争议的事实；

（2）自然规律及定理；

（3）众所周知的事实或常识；

（4）根据法律规定、已知事实或日常生活经验法则，能推定出的另一事实。

（三）一方当事人应向仲裁庭和对方当事人（包括多方仲裁中作为申请人或被申请人一方的所有当事人）披露和提交其作为依据的所有证据。

（四）仲裁庭可以规定当事人提交证据的期限。当事人应在规定的期限内提交证据。逾期提交的，仲裁庭可以不予接受。当事人在举证期限内提交证据材料确有困难的，可以在期限届满前申请延长举证期限。是否延期，由仲裁庭决定。

（五）当事人未能在规定的期限内提交证据，或虽提交证据但不足以证明其主张的，负有举证责任的当事人承担因此产生的后果。通常情况下，举证和证据交换应在仲裁庭就实体争议进行开庭审理之前完成。

**第 48 条　仲裁庭调查取证**

（一）仲裁庭认为必要时，可以调查事实，收集证据。

（二）仲裁庭调查事实、收集证据时，应当通知当事人到场。经通知，一方或双方当事人不到场的，不影响仲裁庭调查事实和收集证据。

（三）仲裁庭调查收集的证据，应当转交当事人，给予当事人提出意见的机会。

## 4.《中国国际经济贸易仲裁委员会证据指引》（2024 年）

### 前　言

为帮助当事人、律师和仲裁庭在仲裁中更加有效地处理证据问题，依据《中华人民共和国仲裁法》，结合中国国际经济贸易仲裁委员会（"仲裁委员会"）的《仲裁规则》和仲裁实践，适当参考中国民事诉讼中适合于仲裁的证据原则以及国际律师协会制订的《国际仲裁取证规则》，制定本《证据指引》（"《证据指引》"）。

《证据指引》不是《仲裁规则》的组成部分。《证据指引》可以根据当事人的约定或仲裁庭的决定适用。当事人可约定、仲裁庭也可决定，部分地适用《证据指引》或者变更《证据指引》中的某些规则。《证据指引》与《仲裁规则》不一致时，仲裁庭应以最能实现两者共同目的的方式适用《证据指引》。《仲裁规则》与《证据指引》均无规定、当事人亦无约定的事项，仲裁庭可按照其认为适当的方式处理。

### 第一章　举证责任

**第 1 条　举证责任的承担**

（一）当事人对其主张的事实承担举证责任。

（二）对合同成立或生效的事实有争议的，由主张合同成立或生效的一方当事人承担举证责任；主张合同变更、解除、终止、撤销的一方当事人对引起合同关系变动的事实承担举证责任。

（三）对合同履行事实发生争议的，由负有相关履行义务的当事人承担举证责任。

（四）请求损害赔偿与其他救济的一方当事人以及反驳该等请求的对方当事人，应对支持各自主张的事实承担举证责任。主张约定的违约金低于或高于实际损失并要求调整违约金的，提出该主张的当事人承担举证责任。

**第 2 条　免证事实**

（一）下列事实，无需当事人举证，仲裁庭可依职权予以认定：

1. 双方当事人没有争议的事实；

2. 自然规律及定理；

3. 众所周知的事实或常识；

4. 根据法律规定、已知事实或日常生活经验法则，能推定出的另一事实。

（二）前款各项，当事人有相反证据足以推翻的除外。

**第 3 条　被申请人的缺席**

被申请人无正当理由在仲裁程序中缺席，并不免除申请人对其事实主张的举证责任，但仲裁庭可依申请人提交的证据以及《证据指引》的其他规则对事实作出认定，并可就被申请人无故缺席的事实得出自己的结论。

第二章　举证、取证与证据交换

**第 4 条　当事人举证**

当事人应向仲裁庭和对方当事人①披露和提交其作为依据的

---

① 根据具体情况，"一方当事人"应理解为包括多方仲裁中作为申请人或被申请人一方的所有当事人。

所有证据。

第5条　举证期限

（一）仲裁庭可对当事人提交证据规定合理的期限，或对分次提交证据做出期限安排。当事人应在仲裁庭规定的期限内完成举证。对逾期提交的证据，仲裁庭有权不予接受。原则上，举证和证据交换应在仲裁庭就争议实体问题举行开庭审理（"庭审"）之前完成。

（二）当事人在举证期限内提交证据确有困难的，可在期限届满前书面阐明理由，向仲裁庭申请延长举证期限。仲裁庭应根据当事人申请延期理由的充分程度，决定是否准予延期。允许一方延期举证的，仲裁庭亦应同时考虑适当延长另一方的举证期限。

第6条　书证

（一）除纸质文件外，书证包括数据电文（如电子文件、电子邮件、视听资料、微信记录、网页）等通过电子、音频、视频或任何其他方式记录或保存的、具有可读性的电子版证据。

（二）当事人提交书证的，可提交与原件相同的纸质复印件或数据电文的打印件。鼓励当事人同时提交书证的电子版。

（三）除当事人另有约定或仲裁庭另有决定外，提交在中国内地以外形成的书证，无需经过公证与认证。

第7条　书证出示请求

（一）一方当事人可请求仲裁庭指令对方当事人出示某一特定书证或某一类范围有限且具体的书证（"书证出示请求"）。请求方需阐明请求理由，详细界定该有关书证，以及说明该书证的关联性和重要性。仲裁庭应安排对方当事人对书证出示请求发表意见。对方不反对该请求的，应按照请求出示相关文件。对方反对的，由仲裁庭决定是否准许该请求。

（二）仲裁庭可对一方提出书证出示请求的期限以及对方对

该请求发表意见的期限加以规定。

（三）经对方当事人要求，仲裁庭可因下述理由之一驳回书证出示请求：

1. 要求出示的书证与案件之间缺乏足够的关联性或对裁判结果缺乏重要性；

2. 出示可能导致违反法律或执业操守；

3. 出示将使出示方承受不合理的负担；

4. 要求出示的书证不在出示方占有或控制之下或很可能已经灭失；

5. 出示将导致国家秘密、商业秘密或技术秘密的泄露；

6. 出于程序经济、公平或当事人平等的原因。

**第8条　事实证人**

（一）当事人安排证人作证的，应事先向仲裁庭确定证人身份及其证明事项。任何能够证明案件事实的人，包括但不限于当事人的雇员、代表人和代理人，均可作为证人。（二）证人应在庭审前提交其书面证言。书面证言应包括证人的姓名、地址、与各当事人间的关系以及个人背景介绍，对有关争议事实的详细说明及其信息来源，以及出具证言的日期和证人本人的签名。

**第9条　专家报告**

（一）当事人可就特定问题提交专家报告以支持己方的主张。专家报告应包括：

1. 专家的姓名、地址、与各当事人间的关系以及个人专业背景介绍；

2. 为出具专家报告而了解的事实、阅读的文件及其他信息来源；

3. 专家个人的意见和结论，包括形成意见和得出结论所使用的方法和依据；

4. 出具报告的日期及专家本人的签名。

第四章

（二）仲裁庭可自行指定一名或多名专家。双方当事人应对仲裁庭指定的专家予以协助，提供其要求的文件和信息。专家应出具专家报告，交由双方当事人评论。

（三）当事人或仲裁庭选定某专业机构出具专家报告的，实际代表该机构出具报告的专家个人视为本条意义上的专家。

第10条　查验与鉴定

（一）仲裁庭可依当事人的请求或自行决定，由仲裁庭或其指定的查验人对现场、货物、文件或其他有关证据进行查验，或由仲裁庭指定的鉴定人对某个专业或技术问题进行鉴定。当事人应事先得到查验的通知并有权到场。查验人、鉴定人完成查验或鉴定后，应出具报告，交由双方当事人评论。

（二）第九条的规定适用于仲裁庭指定的查验人、鉴定人及其所出具的报告。

第11条　仲裁庭要求出示及收集证据

（一）在仲裁过程中，仲裁庭可以主动要求一方当事人提交仲裁庭认为必要的任何证据。仲裁庭应确保另一方当事人有机会对这些证据发表意见。

（二）应一方当事人请求并在必要和实际可行的情况下，仲裁庭可搜集与争议事实有关的证据。仲裁庭搜集的证据应转交双方当事人，并听取其意见。

第12条　证据保全

（一）当事人可依法请求法院进行证据保全。

（二）如所适用的法律允许，仲裁庭亦可发出保全证据的指令。

第13条　证据交换方式

双方当事人提交的证据通常应由仲裁委员会仲裁院转递。但仲裁庭经与当事人协商后，可决定证据在当事人之间直接交换。

第14条　书证的翻译

（一）其他文字的书证是否需要按照仲裁语言翻译，可由仲裁庭在与当事人协商后决定。在决定是否需要翻译，或者是否需要全部或部分翻译时，仲裁庭应考虑双方当事人及其律师的语言能力，以及费用的节省。

（二）仲裁庭与当事人协商后决定书证需要翻译的，译文应与原文同时提交，以便对方当事人对译文的准确性进行核对。

（三）译文与原文有出入的，仲裁庭应以能够正确反映书证原意的译文为准。

## 第三章 质　　证

**第 15 条　当事人的质证意见**

仲裁庭应确保一方当事人有机会就对方当事人提交的所有证据发表质证意见。质证意见可以采用口头或书面形式。

**第 16 条　对书证的质证**

（一）开庭审理的案件，书证应在庭审过程中出示，由当事人口头质证。为避免不必要的拖延，当事人可仅针对有争议的书证发表意见，并集中说明哪些书证不应被仲裁庭采纳为证据。

（二）虽有前述第（一）款的规定，仲裁庭可在与当事人协商后，做出双方当事人在庭审前进行质证的适当安排。

（三）对复印件与原件可能不一致的书证，当事人及仲裁庭可要求核对原件。

（四）视听资料是否在庭审过程中播放、或者是否全部或部分播放，由仲裁庭在与当事人协商后决定。

（五）对于物证，准用本条第（一）（二）款对书证进行质证的原则。

**第 17 条　对证人、专家、查验人和鉴定人的质询**

（一）原则上，证人和专家应出席庭审或通过远程视频参加庭审，并接受安排其出庭的一方当事人的询问（"询问"）和对方当事人的盘问（"盘问"）。

（二）质询程序由仲裁庭主持。除非双方当事人同意，证人和专家在作证之前不应出席庭审。双方当事人可以对询问证人和专家的方式和时间进行协商。除当事人另有约定外，仲裁庭应确保双方当事人获得质询的机会，但可对询问或盘问的时间加以限制。

（三）对证人和当事人一方聘请的专家的质询，通常可采用询问、盘问和再次询问的顺序。仲裁庭可决定将证人的书面证言或专家的书面报告作为对询问的回答，并直接进入盘问阶段。再次询问不应超出盘问所涉及的问题。

（四）仲裁庭指定的专家、查验人或鉴定人应当出席庭审，仲裁庭应确保双方当事人有机会对他们进行质询。

（五）在与当事人协商后，仲裁庭可安排双方的专家或证人进行对质。

（六）仲裁庭可限制当事人提出某个问题，或告知证人、专家、查验人或鉴定人对某个问题无需做出答复。仲裁庭可随时向证人、专家、查验人或鉴定人提问。

### 第四章　证据的认定

**第 18 条　一般原则**

某项证据是否可予采纳，以及证据的关联性、重要性和证明力，由仲裁庭自行决定。

**第 19 条　不予采纳**

（一）根据仲裁庭认为适当的、免于证据披露义务的规则，仲裁庭可决定对当事人提交的某项证据不予采纳，尤其是那些律师与客户之间的涉及法律服务的证据或涉及当事人之间和解谈判的证据。

（二）仅在调解程序中披露的证据和信息在仲裁中不具有可采纳性，不得作为仲裁裁决的依据。

**第 20 条　无原件的书证**

对当事人提出质疑的无原件的书证，仲裁庭可结合其他证据、当事双方的事实主张以及全部案情，决定是否予以采纳。

**第 21 条　未经庭审质证的证人证言**

无正当理由未出庭接受质询的证人，其证言不得单独作为认定事实的根据。

**第 22 条　对本方不利的事实陈述**

在仲裁过程中，当事人以书面或口头方式承认的对己方不利的事实，仲裁庭可予以认定，但有相反证据足以推翻该被承认的事实的除外。

**第 23 条　不利推定**

经仲裁庭准予书证出示请求后，或在仲裁庭直接要求出示特定的书证后，相关当事人无正当理由拒绝出示的，仲裁庭可以做出对拒绝出示方不利的推定。

**第 24 条　证明标准**

（一）针对某一事实，双方当事人分别举出相反证据的，仲裁庭可依优势证据原则加以认定。

（二）对涉及欺诈的事实，仲裁庭应根据有充分说服力的证据加以认定。

第五章　附　　则

**第 25 条　指引的解释**

（一）本指引条文标题不用于解释条文含义。

（二）本指引由仲裁委员会负责解释。

**第 26 条　指引的施行**

本指引自 2024 年 1 月 1 日起施行。

**第五十六条　专门性问题的鉴定**

当事人可以就查明事实的专门性问题向仲裁庭申请鉴定。仲裁庭根据当事人的申请或者自行判断认为对专门性问题需要鉴定的，可以交由当事人约定的鉴定人鉴定，也可以由仲裁庭指定的鉴定人鉴定。

根据当事人的请求或者仲裁庭的要求，经仲裁庭通知，鉴定人应当参加开庭。当事人经仲裁庭许可，可以向鉴定人提问。

● 行业规定

1. 《中国国际经济贸易仲裁委员会仲裁规则（2024 版）》（2023年 9 月 2 日）

第 44 条 专家报告及鉴定报告

（一）仲裁庭可以就案件中的专门问题向专家咨询或指定鉴定人进行鉴定。专家和鉴定人可以是中国或外国的机构或自然人。

（二）仲裁庭有权要求当事人、当事人也有义务向专家或鉴定人提供或出示任何有关资料、文件或财产、实物，以供专家或鉴定人审阅、检验或鉴定。

（三）专家报告和鉴定报告的副本应转交当事人，给予当事人提出意见的机会。一方当事人申请或仲裁庭要求专家或鉴定人参加开庭的，专家或鉴定人应参加开庭，并在仲裁庭认为必要时就所作出的报告进行解释。

2. 《中国海事仲裁委员会仲裁规则》（2021 年 9 月 13 日）

第 49 条 查验及鉴定报告

（一）仲裁庭可应当事人请求或自行决定，指定查验人对现场、货物、文件或其他有关证据进行查验，或者指定鉴定人对某个专业或技术问题进行鉴定。当事人应事先得到查验或鉴定通知，并有权到场。

（二）仲裁庭有权要求当事人、当事人也有义务向查验人或鉴定人提供或出示任何有关资料、文件或财产、实物，以供查验人或鉴定人查验、鉴定。

（三）查验报告和鉴定报告的副本应转交当事人，给予当事人提出意见的机会。

## 第五十七条 证据的出示与质证

证据应当在开庭时出示，当事人可以质证。

### ● 法 律

**1.《民事诉讼法》**（2023 年 9 月 1 日）

**第 71 条** 证据应当在法庭上出示，并由当事人互相质证。对涉及国家秘密、商业秘密和个人隐私的证据应当保密，需要在法庭出示的，不得在公开开庭时出示。

### ● 司法解释及文件

**2.《最高人民法院关于民事诉讼证据的若干规定》**（2019 年 12 月 25 日）

**第 60 条** 当事人在审理前的准备阶段或者人民法院调查、询问过程中发表过质证意见的证据，视为质证过的证据。

当事人要求以书面方式发表质证意见，人民法院在听取对方当事人意见后认为有必要的，可以准许。人民法院应当及时将书面质证意见送交对方当事人。

**第 61 条** 对书证、物证、视听资料进行质证时，当事人应当出示证据的原件或者原物。但有下列情形之一的除外：

（一）出示原件或者原物确有困难并经人民法院准许出示复制件或者复制品的；

（二）原件或者原物已不存在，但有证据证明复制件、复制品与原件或者原物一致的。

**第 62 条** 质证一般按下列顺序进行：

（一）原告出示证据，被告、第三人与原告进行质证；

（二）被告出示证据，原告、第三人与被告进行质证；

（三）第三人出示证据，原告、被告与第三人进行质证。

人民法院根据当事人申请调查收集的证据，审判人员对调查收集证据的情况进行说明后，由提出申请的当事人与对方当事人、第三人进行质证。

人民法院依职权调查收集的证据，由审判人员对调查收集证据的情况进行说明后，听取当事人的意见。

第63条　当事人应当就案件事实作真实、完整的陈述。

当事人的陈述与此前陈述不一致的，人民法院应当责令其说明理由，并结合当事人的诉讼能力、证据和案件具体情况进行审查认定。

当事人故意作虚假陈述妨碍人民法院审理的，人民法院应当根据情节，依照民事诉讼法第一百一十一条的规定进行处罚。

第64条　人民法院认为有必要的，可以要求当事人本人到场，就案件的有关事实接受询问。

人民法院要求当事人到场接受询问的，应当通知当事人询问的时间、地点、拒不到场的后果等内容。

第65条　人民法院应当在询问前责令当事人签署保证书并宣读保证书的内容。

保证书应当载明保证据实陈述，绝无隐瞒、歪曲、增减，如有虚假陈述应当接受处罚等内容。当事人应当在保证书上签名、捺印。

当事人有正当理由不能宣读保证书的，由书记员宣读并进行说明。

第66条　当事人无正当理由拒不到场、拒不签署或宣读保证书或者拒不接受询问的，人民法院应当综合案件情况，判断待证事实的真伪。待证事实无其他证据证明的，人民法院应当作出不利于该当事人的认定。

第67条　不能正确表达意思的人，不能作为证人。

待证事实与其年龄、智力状况或者精神健康状况相适应的无民事行为能力人和限制民事行为能力人，可以作为证人。

第68条　人民法院应当要求证人出庭作证，接受审判人员和当事人的询问。证人在审理前的准备阶段或者人民法院调查、询问等双方当事人在场时陈述证言的，视为出庭作证。

双方当事人同意证人以其他方式作证并经人民法院准许的，证人可以不出庭作证。

无正当理由未出庭的证人以书面等方式提供的证言，不得作为认定案件事实的根据。

第69条　当事人申请证人出庭作证的，应当在举证期限届满前向人民法院提交申请书。

申请书应当载明证人的姓名、职业、住所、联系方式，作证的主要内容，作证内容与待证事实的关联性，以及证人出庭作证的必要性。

符合《最高人民法院关于适用〈中华人民共和国民事诉讼法〉的解释》第九十六条第一款规定情形的，人民法院应当依职权通知证人出庭作证。

第70条　人民法院准许证人出庭作证申请的，应当向证人送达通知书并告知双方当事人。通知书中应当载明证人作证的时间、地点，作证的事项、要求以及作伪证的法律后果等内容。

当事人申请证人出庭作证的事项与待证事实无关，或者没有通知证人出庭作证必要的，人民法院不予准许当事人的申请。

第71条　人民法院应当要求证人在作证之前签署保证书，并在法庭上宣读保证书的内容。但无民事行为能力人和限制民事行为能力人作为证人的除外。

证人确有正当理由不能宣读保证书的，由书记员代为宣读并进行说明。

证人拒绝签署或者宣读保证书的，不得作证，并自行承担相关费用。

证人保证书的内容适用当事人保证书的规定。

第72条　证人应当客观陈述其亲身感知的事实，作证时不得使用猜测、推断或者评论性语言。

证人作证前不得旁听法庭审理，作证时不得以宣读事先准备的书面材料的方式陈述证言。

证人言辞表达有障碍的，可以通过其他表达方式作证。

第73条　证人应当就其作证的事项进行连续陈述。

当事人及其法定代理人、诉讼代理人或者旁听人员干扰证人陈述的，人民法院应当及时制止，必要时可以依照民事诉讼法第一百一十条的规定进行处罚。

第74条　审判人员可以对证人进行询问。当事人及其诉讼代理人经审判人员许可后可以询问证人。

询问证人时其他证人不得在场。

人民法院认为有必要的，可以要求证人之间进行对质。

第75条　证人出庭作证后，可以向人民法院申请支付证人出庭作证费用。证人有困难需要预先支取出庭作证费用的，人民法院可以根据证人的申请在出庭作证前支付。

第76条　证人确有困难不能出庭作证，申请以书面证言、视听传输技术或者视听资料等方式作证的，应当向人民法院提交申请书。申请书中应当载明不能出庭的具体原因。

符合民事诉讼法第七十三条规定情形的，人民法院应当准许。

第77条　证人经人民法院准许，以书面证言方式作证的，应当签署保证书；以视听传输技术或者视听资料方式作证的，应当签署保证书并宣读保证书的内容。

第78条　当事人及其诉讼代理人对证人的询问与待证事实无关，或者存在威胁、侮辱证人或不适当引导等情形的，审判人员应当及时制止。必要时可以依照民事诉讼法第一百一十条、第一百一十一条的规定进行处罚。

证人故意作虚假陈述，诉讼参与人或者其他人以暴力、威胁、贿买等方法妨碍证人作证，或者在证人作证后以侮辱、诽谤、诬陷、恐吓、殴打等方式对证人打击报复的，人民法院应当根据情节，依照民事诉讼法第一百一十一条的规定，对行为人进行处罚。

第79条　鉴定人依照民事诉讼法第七十八条的规定出庭作证的，人民法院应当在开庭审理三日前将出庭的时间、地点及要求通知鉴定人。

委托机构鉴定的，应当由从事鉴定的人员代表机构出庭。

第80条　鉴定人应当就鉴定事项如实答复当事人的异议和审判人员的询问。当庭答复确有困难的，经人民法院准许，可以在庭审结束后书面答复。

人民法院应当及时将书面答复送交当事人，并听取当事人的意见。必要时，可以再次组织质证。

第81条　鉴定人拒不出庭作证的，鉴定意见不得作为认定案件事实的根据。人民法院应当建议有关主管部门或者组织对拒不出庭作证的鉴定人予以处罚。

当事人要求退还鉴定费用的，人民法院应当在三日内作出裁定，责令鉴定人退还；拒不退还的，由人民法院依法执行。

当事人因鉴定人拒不出庭作证申请重新鉴定的，人民法院应当准许。

第82条　经法庭许可，当事人可以询问鉴定人、勘验人。

询问鉴定人、勘验人不得使用威胁、侮辱等不适当的言语和方式。

第83条　当事人依照民事诉讼法第七十九条和《最高人民法院关于适用〈中华人民共和国民事诉讼法〉的解释》第一百二十二条的规定，申请有专门知识的人出庭的，申请书中应当载明有专门知识的人的基本情况和申请的目的。

人民法院准许当事人申请的，应当通知双方当事人。

第 84 条　审判人员可以对有专门知识的人进行询问。经法庭准许，当事人可以对有专门知识的人进行询问，当事人各自申请的有专门知识的人可以就案件中的有关问题进行对质。

有专门知识的人不得参与对鉴定意见质证或者就专业问题发表意见之外的法庭审理活动。

● 行业规定

3.《中国国际经济贸易仲裁委员会仲裁规则（2024 版）》（2023年 9 月 2 日）

第 42 条　质证

（一）除非当事人另有约定或协商一致，开庭审理的案件，证据应在开庭时出示，当事人可以质证。

（二）对于书面审理的案件的证据材料，或对于开庭后提交的证据材料且当事人同意书面质证的，可以进行书面质证。书面质证时，当事人应在仲裁庭规定的期限内提交书面质证意见。

4.《中国海事仲裁委员会仲裁规则》（2021 年 9 月 13 日）

第 50 条　质证

（一）仲裁庭应确保一方当事人有机会就对方当事人提交的所有证据发表质证意见。质证可以采用口头或书面形式。

（二）开庭审理的案件，证据应在开庭时出示，当事人可以质证。

（三）对于书面审理的案件的证据材料，或对于开庭后提交的证据材料且当事人同意书面质证的，可以进行书面质证。书面质证时，当事人应在仲裁庭规定的期限内提交书面质证意见。

（四）当事人共同确认或没有异议的证据，视为已经质证。

第五十八条　证据保全

在证据可能灭失或者以后难以取得的情况下，当事人可以申请证据保全。当事人申请证据保全的，仲裁机构应当将当事人的申请提交证据所在地的基层人民法院，人民法院应当依法及时处理。

因情况紧急，仲裁协议的当事人可以在申请仲裁前依照《中华人民共和国民事诉讼法》的有关规定向人民法院申请证据保全。当事人申请证据保全的，人民法院应当依法及时处理。

● **法　律**

1. 《民事诉讼法》（2023 年 9 月 1 日）

第 84 条　在证据可能灭失或者以后难以取得的情况下，当事人可以在诉讼过程中向人民法院申请保全证据，人民法院也可以主动采取保全措施。

因情况紧急，在证据可能灭失或者以后难以取得的情况下，利害关系人可以在提起诉讼或者申请仲裁前向证据所在地、被申请人住所地或者对案件有管辖权的人民法院申请保全证据。

证据保全的其他程序，参照适用本法第九章保全的有关规定。

● **司法解释及文件**

2. 《最高人民法院关于民事诉讼证据的若干规定》（2019 年 12 月 25 日）

第 25 条　当事人或者利害关系人根据民事诉讼法第八十一条的规定申请证据保全的，申请书应当载明需要保全的证据的基本情况、申请保全的理由以及采取何种保全措施等内容。

当事人根据民事诉讼法第八十一条第一款的规定申请证据保全的，应当在举证期限届满前向人民法院提出。

法律、司法解释对诉前证据保全有规定的，依照其规定办理。

第 26 条　当事人或者利害关系人申请采取查封、扣押等限制保全标的物使用、流通等保全措施，或者保全可能对证据持有人造成损失的，人民法院应当责令申请人提供相应的担保。

担保方式或者数额由人民法院根据保全措施对证据持有人的影响、保全标的物的价值、当事人或者利害关系人争议的诉讼标的金额等因素综合确定。

第 27 条　人民法院进行证据保全，可以要求当事人或者诉讼代理人到场。

根据当事人的申请和具体情况，人民法院可以采取查封、扣押、录音、录像、复制、鉴定、勘验等方法进行证据保全，并制作笔录。

在符合证据保全目的的情况下，人民法院应当选择对证据持有人利益影响最小的保全措施。

第 28 条　申请证据保全错误造成财产损失，当事人请求申请人承担赔偿责任的，人民法院应予支持。

第 29 条　人民法院采取诉前证据保全措施后，当事人向其他有管辖权的人民法院提起诉讼的，采取保全措施的人民法院应当根据当事人的申请，将保全的证据及时移交受理案件的人民法院。

**3.《最高人民法院关于内地与澳门特别行政区就仲裁程序相互协助保全的安排》**（2022 年 2 月 24 日）

根据《中华人民共和国澳门特别行政区基本法》第九十三条的规定，经最高人民法院与澳门特别行政区协商，现就内地与澳门特别行政区关于仲裁程序相互协助保全作出如下安排。

第 1 条　本安排所称"保全"，在内地包括财产保全、证据保全、行为保全；在澳门特别行政区包括为确保受威胁的权利得以实现而采取的保存或者预行措施。

第 2 条　按照澳门特别行政区仲裁法规向澳门特别行政区仲

裁机构提起民商事仲裁程序的当事人，在仲裁裁决作出前，可以参照《中华人民共和国民事诉讼法》《中华人民共和国仲裁法》以及相关司法解释的规定，向被申请人住所地、财产所在地或者证据所在地的内地中级人民法院申请保全。被申请人住所地、财产所在地或者证据所在地在不同人民法院辖区的，应当选择向其中一个人民法院提出申请，不得分别向两个或者两个以上人民法院提出申请。

在仲裁机构受理仲裁案件前申请保全，内地人民法院采取保全措施后三十日内未收到仲裁机构已受理仲裁案件的证明函件的，内地人民法院应当解除保全。

第3条 向内地人民法院申请保全的，应当提交下列材料：

（一）保全申请书；

（二）仲裁协议；

（三）身份证明材料：申请人为自然人的，应当提交身份证件复印件；申请人为法人或者非法人组织的，应当提交注册登记证书的复印件以及法定代表人或者负责人的身份证件复印件；

（四）在仲裁机构受理仲裁案件后申请保全的，应当提交包含主要仲裁请求和所根据的事实与理由的仲裁申请文件以及相关证据材料、仲裁机构出具的已受理有关仲裁案件的证明函件；

（五）内地人民法院要求的其他材料。

身份证明材料系在内地以外形成的，应当依据内地相关法律规定办理证明手续。

向内地人民法院提交的文件没有中文文本的，应当提交中文译本。

第4条 向内地人民法院提交的保全申请书应当载明下列事项：

（一）当事人的基本情况：当事人为自然人的，包括姓名、住所、身份证件信息、通讯方式等；当事人为法人或者非法人组织的，包括法人或者非法人组织的名称、住所以及法定代表人或者主要负责人的姓名、职务、住所、身份证件信息、通讯方式等；

（二）请求事项，包括申请保全财产的数额、申请行为保全的内容和期限等；

（三）请求所依据的事实、理由和相关证据，包括关于情况紧急，如不立即保全将会使申请人合法权益受到难以弥补的损害或者将使仲裁裁决难以执行的说明等；

（四）申请保全的财产、证据的明确信息或者具体线索；

（五）用于提供担保的内地财产信息或者资信证明；

（六）是否已提出其他保全申请以及保全情况；

（七）其他需要载明的事项。

第 5 条　依据《中华人民共和国仲裁法》向内地仲裁机构提起民商事仲裁程序的当事人，在仲裁裁决作出前，可以根据澳门特别行政区法律规定，向澳门特别行政区初级法院申请保全。

在仲裁机构受理仲裁案件前申请保全的，申请人应当在澳门特别行政区法律规定的期间内，采取开展仲裁程序的必要措施，否则该保全措施失效。申请人应当将已作出必要措施及作出日期的证明送交澳门特别行政区法院。

第 6 条　向澳门特别行政区法院申请保全的，须附同下列资料：

（一）仲裁协议；

（二）申请人或者被申请人为自然人的，应当载明其姓名以及住所；为法人或者非法人组织的，应当载明其名称、住所以及法定代表人或者主要负责人的姓名、职务和住所；

（三）请求的详细资料，尤其包括请求所依据的事实和法律理由、申请标的的情况、财产的详细资料、须保全的金额、申请行为保全的详细内容和期限以及附同相关证据，证明权利受威胁以及解释恐防受侵害的理由；

（四）在仲裁机构受理仲裁案件后申请保全的，应当提交该仲裁机构出具的已受理有关仲裁案件的证明；

（五）是否已提出其他保全申请以及保全情况；

（六）法院要求的其他资料。

如向法院提交的文件并非使用澳门特别行政区的其中一种正式语文，则申请人应当提交其中一种正式语文的译本。

第7条　被请求方法院应当尽快审查当事人的保全申请，可以按照被请求方法律规定要求申请人提供担保。

经审查，当事人的保全申请符合被请求方法律规定的，被请求方法院应当作出保全裁定。

第8条　当事人对被请求方法院的裁定不服的，按被请求方相关法律规定处理。

第9条　当事人申请保全的，应当根据被请求方法律的规定交纳费用。

第10条　本安排不减损内地和澳门特别行政区的仲裁机构、仲裁庭、仲裁员、当事人依据对方法律享有的权利。

第11条　本安排在执行过程中遇有问题或者需要修改的，由最高人民法院和澳门特别行政区协商解决。

第12条　本安排自 2022 年 3 月 25 日起施行。

| 第五十九条 | 当事人的辩论 |

当事人在仲裁过程中有权进行辩论。辩论终结时，首席仲裁员或者独任仲裁员应当征询当事人的最后意见。

| 第六十条 | 仲裁笔录 |

仲裁庭应当将开庭情况记入笔录。当事人和其他仲裁参与人认为对自己陈述的记录有遗漏或者差错的，有权申请补正。如果不予补正，应当记录该申请。

笔录由仲裁员、记录人员、当事人和其他仲裁参与人签名或者盖章。

## 第六十一条　恶意仲裁应予驳回

仲裁庭发现当事人单方捏造基本事实申请仲裁或者当事人之间恶意串通，企图通过仲裁方式侵害国家利益、社会公共利益或者他人合法权益的，应当驳回其仲裁请求。

● 司法解释及文件

《最高人民法院关于人民法院办理仲裁裁决执行案件若干问题的规定》（2018 年 2 月 22 日）

第 9 条　案外人向人民法院申请不予执行仲裁裁决或者仲裁调解书的，应当提交申请书以及证明其请求成立的证据材料，并符合下列条件：

（一）有证据证明仲裁案件当事人恶意申请仲裁或者虚假仲裁，损害其合法权益；

（二）案外人主张的合法权益所涉及的执行标的尚未执行终结；

（三）自知道或者应当知道人民法院对该标的采取执行措施之日起三十日内提出。

## 第六十二条　仲裁和解

当事人申请仲裁后，可以自行和解。达成和解协议的，可以请求仲裁庭根据和解协议作出裁决书，也可以撤回仲裁申请。

● **法　律**

《民事诉讼法》（2023 年 9 月 1 日）

第 53 条　双方当事人可以自行和解。

**第六十三条　达成和解协议、撤回仲裁申请后反悔的处理**

当事人达成和解协议，撤回仲裁申请后反悔的，可以根据仲裁协议申请仲裁。

**第六十四条　仲裁调解**

仲裁庭在作出裁决前，可以先行调解。当事人自愿调解的，仲裁庭应当调解。调解不成的，应当及时作出裁决。

调解达成协议的，仲裁庭应当制作调解书或者根据协议的结果制作裁决书。调解书与裁决书具有同等法律效力。

● **法　律**

《民事诉讼法》（2023 年 9 月 1 日）

第 96 条　人民法院审理民事案件，根据当事人自愿的原则，在事实清楚的基础上，分清是非，进行调解。

第 97 条　人民法院进行调解，可以由审判员一人主持，也可以由合议庭主持，并尽可能就地进行。

人民法院进行调解，可以用简便方式通知当事人、证人到庭。

第 98 条　人民法院进行调解，可以邀请有关单位和个人协助。被邀请的单位和个人，应当协助人民法院进行调解。

第 99 条　调解达成协议，必须双方自愿，不得强迫。调解协议的内容不得违反法律规定。

第 100 条　调解达成协议，人民法院应当制作调解书。调解书应当写明诉讼请求、案件的事实和调解结果。

调解书由审判人员、书记员署名，加盖人民法院印章，送达双方当事人。

调解书经双方当事人签收后，即具有法律效力。

第 101 条　下列案件调解达成协议，人民法院可以不制作调解书：

（一）调解和好的离婚案件；

（二）调解维持收养关系的案件；

（三）能够即时履行的案件；

（四）其他不需要制作调解书的案件。

对不需要制作调解书的协议，应当记入笔录，由双方当事人、审判人员、书记员签名或者盖章后，即具有法律效力。

第 102 条　调解未达成协议或者调解书送达前一方反悔的，人民法院应当及时判决。

### 第六十五条　仲裁调解书

调解书应当写明仲裁请求和当事人协议的结果。调解书由仲裁员签名，加盖仲裁机构印章，送达双方当事人。

调解书经双方当事人签收后，即发生法律效力。

在调解书签收前当事人反悔的，仲裁庭应当及时作出裁决。

● 法　律

《民事诉讼法》（2023 年 9 月 1 日）

第 100 条　调解达成协议，人民法院应当制作调解书。调解书应当写明诉讼请求、案件的事实和调解结果。

调解书由审判人员、书记员署名，加盖人民法院印章，送达双方当事人。

调解书经双方当事人签收后，即具有法律效力。

**第六十六条　仲裁裁决的作出**

裁决应当按照多数仲裁员的意见作出，少数仲裁员的不同意见可以记入笔录。仲裁庭不能形成多数意见时，裁决应当按照首席仲裁员的意见作出。

**第六十七条　裁决书的内容**

裁决书应当写明仲裁请求、争议事实、裁决理由、裁决结果、仲裁费用的负担和裁决日期。当事人协议不愿写明争议事实和裁决理由的，可以不写。裁决书由仲裁员签名，加盖仲裁机构印章。对裁决持不同意见的仲裁员，可以签名，也可以不签名。

**第六十八条　先行裁决**

仲裁庭仲裁纠纷时，其中一部分事实已经清楚，可以就该部分先行裁决。

**第六十九条　裁决书的补正**

对裁决书中的文字、计算错误或者仲裁庭已经裁决但在裁决书中遗漏的事项，仲裁庭应当补正；当事人自收到裁决书之日起三十日内，可以请求仲裁庭补正。

● 行业规定

1. 《中国国际经济贸易仲裁委员会仲裁规则（2024 版）》（2023年 9 月 2 日）

第 54 条　裁决书草案的核阅

仲裁庭应在签署裁决书之前将裁决书草案提交仲裁委员会核阅。在不影响仲裁庭独立裁决的情况下，仲裁委员会可以就裁决书的有关问题提请仲裁庭注意。

**2.《中国海事仲裁委员会仲裁规则》**（2021 年 9 月 13 日）

**第 63 条　裁决书的更正**

（一）仲裁庭可以在发出裁决书后的合理时间内自行以书面形式对裁决书中的书写、打印、计算上的错误或其他类似性质的错误作出更正。

（二）任何一方当事人均可以在收到裁决书后 30 日内就裁决书中的书写、打印、计算上的错误或其他类似性质的错误，书面申请仲裁庭作出更正；如确有错误，仲裁庭应在收到书面申请后 30 日内作出书面更正。

（三）上述书面更正构成裁决书的组成部分，应适用本规则第五十八条第（四）至（九）款的规定。

**第七十条　裁决书生效**

裁决书自作出之日起发生法律效力。

# 第五章　申请撤销裁决

**第七十一条　申请撤销仲裁裁决的法定情形**

当事人提出证据证明裁决有下列情形之一的，可以向仲裁机构所在地的中级人民法院申请撤销裁决：

（一）没有仲裁协议；

（二）裁决的事项不属于仲裁协议的范围或者仲裁机构无权仲裁；

（三）仲裁庭的组成或者仲裁的程序违反法定程序；

（四）裁决所根据的证据是伪造的；

（五）对方当事人隐瞒了足以影响公正裁决的证据；

（六）仲裁员在仲裁该案时有索贿受贿、徇私舞弊、枉法裁决行为。

人民法院经组成合议庭审查核实裁决有前款规定情形之一的，应当裁定撤销。

人民法院认定该裁决违背公共利益的，应当裁定撤销。

● **法　律**

**1.《民事诉讼法》**（2023 年 9 月 1 日）

第 291 条　对中华人民共和国涉外仲裁机构作出的裁决，被申请人提出证据证明仲裁裁决有下列情形之一的，经人民法院组成合议庭审查核实，裁定不予执行：

（一）当事人在合同中没有订有仲裁条款或者事后没有达成书面仲裁协议的；

（二）被申请人没有得到指定仲裁员或者进行仲裁程序的通知，或者由于其他不属于被申请人负责的原因未能陈述意见的；

（三）仲裁庭的组成或者仲裁的程序与仲裁规则不符的；

（四）裁决的事项不属于仲裁协议的范围或者仲裁机构无权仲裁的。

人民法院认定执行该裁决违背社会公共利益的，裁定不予执行。

● **司法解释及文件**

**2.《最高人民法院关于适用〈中华人民共和国仲裁法〉若干问题的解释》**（2008 年 12 月 16 日）

第 17 条　当事人以不属于仲裁法第五十八条或者民事诉讼法第二百五十八条规定的事由申请撤销仲裁裁决的，人民法院不予支持。

第 18 条　仲裁法第五十八条第一款第一项规定的"没有仲

裁协议"是指当事人没有达成仲裁协议。仲裁协议被认定无效或者被撤销的，视为没有仲裁协议。

第19条　当事人以仲裁裁决事项超出仲裁协议范围为由申请撤销仲裁裁决，经审查属实的，人民法院应当撤销仲裁裁决中的超裁部分。但超裁部分与其他裁决事项不可分的，人民法院应当撤销仲裁裁决。

第20条　仲裁法第五十八条规定的"违反法定程序"，是指违反仲裁法规定的仲裁程序和当事人选择的仲裁规则可能影响案件正确裁决的情形。

第21条　当事人申请撤销国内仲裁裁决的案件属于下列情形之一的，人民法院可以依照仲裁法第六十一条的规定通知仲裁庭在一定期限内重新仲裁：

（一）仲裁裁决所根据的证据是伪造的；

（二）对方当事人隐瞒了足以影响公正裁决的证据的。

人民法院应当在通知中说明要求重新仲裁的具体理由。

第22条　仲裁庭在人民法院指定的期限内开始重新仲裁的，人民法院应当裁定终结撤销程序；未开始重新仲裁的，人民法院应当裁定恢复撤销程序。

第23条　当事人对重新仲裁裁决不服的，可以在重新仲裁裁决书送达之日起六个月内依据仲裁法第五十八条规定向人民法院申请撤销。

第24条　当事人申请撤销仲裁裁决的案件，人民法院应当组成合议庭审理，并询问当事人。

第25条　人民法院受理当事人撤销仲裁裁决的申请后，另一方当事人申请执行同一仲裁裁决的，受理执行申请的人民法院应当在受理后裁定中止执行。

第26条　当事人向人民法院申请撤销仲裁裁决被驳回后，又在执行程序中以相同理由提出不予执行抗辩的，人民法院不予支持。

第 27 条　当事人在仲裁程序中未对仲裁协议的效力提出异议，在仲裁裁决作出后以仲裁协议无效为由主张撤销仲裁裁决或者提出不予执行抗辩的，人民法院不予支持。

当事人在仲裁程序中对仲裁协议的效力提出异议，在仲裁裁决作出后又以此为由主张撤销仲裁裁决或者提出不予执行抗辩，经审查符合仲裁法第五十八条或者民事诉讼法第二百一十三条、第二百五十八条规定的，人民法院应予支持。

**3.《最高人民法院关于正确审理仲裁司法审查案件有关问题的通知》**（2013 年 9 月 4 日）

各省、自治区、直辖市高级人民法院，解放军军事法院，新疆维吾尔自治区高级人民法院生产建设兵团分院：

最近一段时间以来，因中国国际经济贸易仲裁委员会（以下简称中国贸仲）于 2012 年 5 月 1 日施行修订后的仲裁规则以及原中国国际经济贸易仲裁委员会上海分会（以下简称上海贸仲）、原中国国际经济贸易仲裁委员会华南分会（以下简称华南贸仲）变更名称并施行新的仲裁规则，致使有的当事人对仲裁规则的适用以及上述各仲裁机构受理仲裁案件的权限等问题产生争议。各地人民法院陆续受理了因上述争议而引发的仲裁司法审查案件。为统一裁判尺度，保证人民法院正确审理案件，现就有关问题通知如下：

对于因上述争议产生的当事人申请确认仲裁协议效力的案件以及当事人申请撤销或者不予执行中国贸仲或者上海贸仲、华南贸仲作出的仲裁裁决的案件，人民法院在作出裁定之前，须经审判委员会讨论提出意见后，逐级上报至最高人民法院，待最高人民法院答复后，方可作出裁定。

● 案例指引

**1. 颐某公司与中某建设集团有限公司、某人民医院申请撤销仲裁裁决案**（最高人民法院发布仲裁司法审查典型案例①之八）

　　**裁判要旨**：重庆市第一中级人民法院认为，本案是申请撤销国内仲裁裁决案件，应依据《仲裁法》第五十八条的规定对本案申请人主体是否适格进行审查。根据《仲裁法》第五十八条之规定，只有仲裁案件的当事人才能申请撤销仲裁裁决，这里的"当事人"是指仲裁案件的申请人或被申请人。本案申请人颐某公司并非案涉仲裁案件的申请人或被申请人，其作为案外人不具备申请撤销仲裁裁决的主体资格，其申请撤销仲裁裁决应予驳回。颐某公司如认为案涉仲裁裁决存在错误，损害其合法权益，可以依据《最高人民法院关于人民法院办理仲裁裁决执行案件若干问题的规定》，向人民法院申请不予执行案涉仲裁裁决。据此，该院裁定驳回了颐某公司的申请。

　　对仲裁案件的案外人如何给予救济是当前理论及实务界共同关注的问题。商事仲裁作为一种争端解决机制，建立在当事人仲裁合意的基础上，根据当事人意思自治原则，由约定的仲裁机构行使管辖权，就当事人约定提交仲裁的商事纠纷作出仲裁裁决。因此，《仲裁法》第五十八条规定，可以向仲裁委员会所在地的中级人民法院申请撤销仲裁裁决的主体仅限于"当事人"。本案严格按照仲裁法的上述规定，明确案外人不具有申请撤销仲裁裁决的主体资格，同时提示案外人在裁决执行程序中的救济渠道。

---

　　① 《最高人民法院发布仲裁司法审查典型案例》，载最高人民法院网站，https：//www. court. gov. cn/zixun/xiangqing/423292. html，最后访问时间：2025 年 9 月 3 日。

**2. 王某与李某申请撤销仲裁裁决案**（最高人民法院发布仲裁司法审查典型案例①之十）

**裁判要旨：**贵州省贵阳市中级人民法院认为，从案涉借款资金流向来看，李某妹妹李某某先将款项转给李某，李某再将款项转给王某，王某又将款项转给李某某用于购买赌币，从本案证据看，李某对其妹李某某在澳门所从事的放贷赌博抽成职业应该知晓，故应当认定案涉100万元实际是李某某向王某提供的用于赌博的赌资。李某主张王某向其借款100万元的事实不符合常理，亦不符合双方经济往来的交易习惯，其所主张的正当借款基础事实不存在。鉴于各方均明知借款用途为赌博，而赌博行为系违反内地公序良俗的行为，案涉款项依法不应受法律保护。据此，该院裁定撤销某仲裁委员会作出的上述仲裁裁决。

司法实践中，出借人为借款人从事违法犯罪活动提供民间借贷的情形时有发生，且出借人和借款人均明知或应知借款用作赌资、毒资等，此类借贷行为属于违背公序良俗的民事法律行为。《仲裁法》第五十八条第三款规定："人民法院认定该裁决违背社会公共利益的，应当裁定撤销。"人民法院依据该条规定，明确了公序良俗原则在申请撤销仲裁裁决案件中的适用规则，依法撤销案涉仲裁裁决。本案系人民法院依法维护公序良俗、弘扬和践行社会主义核心价值观的典型案例。

**3. A公司与B公司、C公司申请撤销仲裁裁决案**（成都法院仲裁司法审查典型案例②之五）

**裁判要旨：**成都中院认为，一方面，根据《仲裁法》第五十八条之规定，撤销仲裁裁决的申请人应限于仲裁案件当事人。本案A

---

① 《最高人民法院发布仲裁司法审查典型案例》，载最高人民法院网站，https：//www.court.gov.cn/zixun/xiangqing/423292.html，最后访问时间：2025年9月3日。

② 《成都法院仲裁司法审查典型案例》，载"成都市中级人民法院"微信公众号，2025年5月20日。

公司并非仲裁案件当事人，其系作为 B 公司股东，代表 B 公司提起申请，不符合前述法律规定。另一方面，民商事诉讼与司法审查存在明显区别，股东代表诉讼制度不适用于仲裁司法审查案件。就审理对象而言，撤销仲裁裁决案件与普通民事诉讼程序有异，不涉及对侵害公司权益的行为、责任主体等问题进行实体审查，仅审查仲裁裁决是否具有法定撤销情形；就制度初衷而言，股东代表诉讼制度旨在对侵害公司权益的相关责任主体进行追诉，而仲裁司法审查制度旨在行使司法监督权，目的是确保仲裁裁决程序合法性、公正性以及裁决不违背社会公共利益。综上，A 公司不具有申请撤销仲裁裁决的主体资格，遂裁定驳回 A 公司的申请。

本案涉及仲裁司法审查案件中，申请人能否参照股东代表诉讼规定，以股东名义申请撤销针对公司的仲裁裁决的问题。虽然《仲裁法》对此并无明确规定，但司法实践不能以没有明文规定而拒绝回应。本案从仲裁司法审查制度及股东代表诉讼制度的审理范围、制度目的、二者关系出发，最终认定股东以自身名义提起撤销仲裁裁决申请的，人民法院应当予以驳回。本案为仲裁司法审查案件中申请人的范围如何界定提供了审判思路，明确了股东代表诉讼不适用于仲裁司法审查案件的裁判规则，对统一类案裁判标准、明确法律适用具有示范作用。同时，该裁判规则避免了仲裁案件因公司内部权利争夺而陷入不稳定的状态，有利于营造多元化解纠纷的司法氛围。

**4. 某消防公司申请撤销仲裁裁决案**（深圳市中级人民法院发布 2024 年度仲裁司法审查典型案例①之三）

**裁判要旨**：市中级人民法院认为，在仲裁过程中当事人申请的评估鉴定等问题本质上属于举证责任分配和事实查明认定问题，仲裁庭有权根据案件具体情况作出处理。本案某消防公司在仲裁过程

---

① 《深圳市中级人民法院发布 2024 年度仲裁司法审查典型案例》，载"深圳市中级人民法院"微信公众号，2025 年 7 月 29 日。

中提出了工程造价鉴定申请，仲裁庭根据案件审理情况认为无须通过鉴定即可对相关事实进行认定，此属仲裁庭仲裁权限，不应认定为程序违法。某消防公司的申请不属于《仲裁法》第五十八条规定的法定撤销仲裁裁决事由，其申请应不予支持。故裁定驳回某消防公司的申请。

仲裁案件审理过程中，为查明案件事实决定是否鉴定属于仲裁庭权限，涉及仲裁庭对当事人举证责任分配的认定、现有证据的证明效力、当事人是否提出鉴定申请以及鉴定是否具有可行性等因素的综合认定。仲裁庭根据案件情况作出不予鉴定决定，当事人对此有异议并提出撤销仲裁裁决申请，其本质上是对仲裁庭审查证据、认定事实不服，仲裁庭的决定并不构成违反法定程序的情形，申请人的申请不属于法院撤销仲裁裁决的法定事由。该案的依法审理，有助于合理引导当事人司法预期，明晰仲裁庭裁决案件权限，增强仲裁公信力。

**5. 吴某申请撤销仲裁裁决案**（宿迁法院仲裁司法审查典型案例①之二）

**裁判要旨**：宿迁中院认为，对于仲裁裁决的撤销，《仲裁法》第五十八条规定了法定撤销条件，人民法院审查是否应当撤销仲裁裁决，应当在上述法定范围内进行审查。吴某对案涉仲裁裁决实体结果处理的异议，超出法律规定的撤销仲裁裁决的事由，不予审查。根据《最高人民法院关于审理仲裁司法审查案件若干问题的规定》第十八条规定，仲裁员在仲裁该案时有索贿受贿、徇私舞弊、枉法裁决行为，是指已经由生效刑事法律文书或者纪律处分决定所确认的行为。本案中，吴某未能提供上述相关证据，故其申请撤销仲裁裁决的理由无事实和法律依据，裁定驳回其申请。

仲裁裁决的申请撤销程序是人民法院对仲裁进行司法监督的重

要方式。为保障仲裁独立性，《仲裁法》第五十八条列举了国内仲裁裁决可予撤销的情形，明确了人民法院监督仲裁的法律边界和审查范围，也为选择仲裁的当事人提供了明确的法律预期。本案提醒当事人，仲裁具有一裁终局的法律效力，当事人仅就仲裁裁决事实认定或法律适用等实体处理不服而提出的异议，人民法院不予审查；"仲裁员在仲裁该案时有索贿受贿、徇私舞弊、枉法裁决行为的"，也必须由生效刑事法律文书或者纪律处分决定所确认，不能仅以仲裁裁决存在事实认定或法律适用问题进行推定。

## 6. 张某申请撤销仲裁裁决案（宿迁法院仲裁司法审查典型案例①之三）

**裁判要旨：**宿迁中院认为，根据《最高人民法院关于适用〈中华人民共和国仲裁法〉若干问题的解释》第二十条规定，仲裁法第五十八条规定的"违反法定程序"是指违反仲裁法规定的仲裁程序和当事人选定的仲裁规则可能影响案件正确裁决的情形。本案中，《宿迁仲裁委员会仲裁暂行规则》第四十一条规定了举证、质证和补充提交证据等问题，仲裁庭并未同意或要求当事人补充证据，故仲裁庭未对申请人补充的证据组织质证，不违反仲裁规则的规定，不违反法定程序，裁定驳回其申请。

仲裁具有自愿性特点，仲裁程序应当遵循仲裁法和当事人共同选定的仲裁规则进行，民事诉讼法及其司法解释确定的诉讼规则并不能当然适用于仲裁程序。因此，人民法院审查仲裁程序的合法性时，依据的是仲裁法对仲裁程序的规定和当事人选定的仲裁规则。本案经审查认为涉案仲裁未违反法定程序，体现了对仲裁权威性和效率性的充分尊重。

---

① 《宿迁法院仲裁司法审查典型案例》，载"宿迁市中级人民法院"微信公众号，2024 年 3 月 13 日。

| 第七十二条 | 申请撤销仲裁裁决的期限 |

当事人申请撤销裁决的，应当自收到裁决书之日起三个月内提出。

| 第七十三条 | 人民法院对撤销申请的审查与处理 |

人民法院应当在受理撤销裁决申请之日起两个月内作出撤销裁决或者驳回申请的裁定。

| 第七十四条 | 申请撤销仲裁裁决的后果 |

人民法院受理撤销裁决的申请后，认为可以由仲裁庭重新仲裁的，通知仲裁庭在一定期限内重新仲裁，并裁定中止撤销程序。仲裁庭开始重新仲裁的，人民法院应当裁定终结撤销程序。仲裁庭拒绝重新仲裁的，人民法院应当裁定恢复撤销程序。

● 司法解释及文件

《最高人民法院关于适用〈中华人民共和国仲裁法〉若干问题的解释》（2008 年 12 月 16 日）

第 21 条　当事人申请撤销国内仲裁裁决的案件属于下列情形之一的，人民法院可以依照仲裁法第六十一条的规定通知仲裁庭在一定期限内重新仲裁：

（一）仲裁裁决所根据的证据是伪造的；

（二）对方当事人隐瞒了足以影响公正裁决的证据的。

人民法院应当在通知中说明要求重新仲裁的具体理由。

第 22 条　仲裁庭在人民法院指定的期限内开始重新仲裁的，人民法院应当裁定终结撤销程序；未开始重新仲裁的，人民法院应当裁定恢复撤销程序。

第 23 条　当事人对重新仲裁裁决不服的，可以在重新仲裁裁决书送达之日起六个月内依据仲裁法第五十八条规定向人民法院申请撤销。

# 第六章　执　　行

**第七十五条**　仲裁裁决的执行

当事人应当履行裁决。一方当事人不履行的，另一方当事人可以依照《中华人民共和国民事诉讼法》的有关规定向人民法院申请执行。受申请的人民法院应当执行。

● **法　律**

1.《**民事诉讼法**》（2023 年 9 月 1 日）

第 248 条　对依法设立的仲裁机构的裁决，一方当事人不履行的，对方当事人可以向有管辖权的人民法院申请执行。受申请的人民法院应当执行。

被申请人提出证据证明仲裁裁决有下列情形之一的，经人民法院组成合议庭审查核实，裁定不予执行：

（一）当事人在合同中没有订有仲裁条款或者事后没有达成书面仲裁协议的；

（二）裁决的事项不属于仲裁协议的范围或者仲裁机构无权仲裁的；

（三）仲裁庭的组成或者仲裁的程序违反法定程序的；

（四）裁决所根据的证据是伪造的；

（五）对方当事人向仲裁机构隐瞒了足以影响公正裁决的证据的；

（六）仲裁员在仲裁该案时有贪污受贿，徇私舞弊，枉法裁决行为的。

人民法院认定执行该裁决违背社会公共利益的，裁定不予执行。

裁定书应当送达双方当事人和仲裁机构。

仲裁裁决被人民法院裁定不予执行的，当事人可以根据双方达成的书面仲裁协议重新申请仲裁，也可以向人民法院起诉。

● **司法解释及文件**

2.《最高人民法院关于适用〈中华人民共和国仲裁法〉若干问题的解释》（2008 年 12 月 16 日）

第 29 条　当事人申请执行仲裁裁决案件，由被执行人住所地或者被执行的财产所在地的中级人民法院管辖。

| 第七十六条 | 仲裁裁决的不予执行 |

被申请人提出证据证明裁决有本法第七十一条第一款规定的情形之一的，经人民法院组成合议庭审查核实，裁定不予执行。

人民法院认定执行该裁决违背公共利益的，应当裁定不予执行。

● **法　律**

1.《民事诉讼法》（2023 年 9 月 1 日）

第 248 条　对依法设立的仲裁机构的裁决，一方当事人不履行的，对方当事人可以向有管辖权的人民法院申请执行。受申请的人民法院应当执行。

被申请人提出证据证明仲裁裁决有下列情形之一的，经人民法院组成合议庭审查核实，裁定不予执行：

（一）当事人在合同中没有订有仲裁条款或者事后没有达成书面仲裁协议的；

（二）裁决的事项不属于仲裁协议的范围或者仲裁机构无权

仲裁的;

（三）仲裁庭的组成或者仲裁的程序违反法定程序的;

（四）裁决所根据的证据是伪造的;

（五）对方当事人向仲裁机构隐瞒了足以影响公正裁决的证据的;

（六）仲裁员在仲裁该案时有贪污受贿,徇私舞弊,枉法裁决行为的。

人民法院认定执行该裁决违背社会公共利益的,裁定不予执行。

裁定书应当送达双方当事人和仲裁机构。

仲裁裁决被人民法院裁定不予执行的,当事人可以根据双方达成的书面仲裁协议重新申请仲裁,也可以向人民法院起诉。

● 司法解释及文件

**2.《最高人民法院关于适用〈中华人民共和国仲裁法〉若干问题的解释》**（2008 年 12 月 16 日）

第 26 条　当事人向人民法院申请撤销仲裁裁决被驳回后,又在执行程序中以相同理由提出不予执行抗辩的,人民法院不予支持。

第 27 条　当事人在仲裁程序中未对仲裁协议的效力提出异议,在仲裁裁决作出后以仲裁协议无效为由主张撤销仲裁裁决或者提出不予执行抗辩的,人民法院不予支持。

当事人在仲裁程序中对仲裁协议的效力提出异议,在仲裁裁决作出后又以此为由主张撤销仲裁裁决或者提出不予执行抗辩,经审查符合仲裁法第五十八条或者民事诉讼法第二百一十三条、第二百五十八条规定的,人民法院应予支持。

第 28 条　当事人请求不予执行仲裁调解书或者根据当事人之间的和解协议作出的仲裁裁决书的,人民法院不予支持。

**3.《最高人民法院关于人民法院办理仲裁裁决执行案件若干问题的规定》**（2018 年 2 月 22 日）

为了规范人民法院办理仲裁裁决执行案件，依法保护当事人、案外人的合法权益，根据《中华人民共和国民事诉讼法》《中华人民共和国仲裁法》等法律规定，结合人民法院执行工作实际，制定本规定。

**第 1 条** 本规定所称的仲裁裁决执行案件，是指当事人申请人民法院执行仲裁机构依据仲裁法作出的仲裁裁决或者仲裁调解书的案件。

**第 2 条** 当事人对仲裁机构作出的仲裁裁决或者仲裁调解书申请执行的，由被执行人住所地或者被执行的财产所在地的中级人民法院管辖。

符合下列条件的，经上级人民法院批准，中级人民法院可以参照民事诉讼法第三十八条的规定指定基层人民法院管辖：

（一）执行标的额符合基层人民法院一审民商事案件级别管辖受理范围；

（二）被执行人住所地或者被执行的财产所在地在被指定的基层人民法院辖区内。

被执行人、案外人对仲裁裁决执行案件申请不予执行的，负责执行的中级人民法院应当另行立案审查处理；执行案件已指定基层人民法院管辖的，应当于收到不予执行申请后三日内移送原执行法院另行立案审查处理。

**第 3 条** 仲裁裁决或者仲裁调解书执行内容具有下列情形之一导致无法执行的，人民法院可以裁定驳回执行申请；导致部分无法执行的，可以裁定驳回该部分的执行申请；导致部分无法执行且该部分与其他部分不可分的，可以裁定驳回执行申请。

（一）权利义务主体不明确；

（二）金钱给付具体数额不明确或者计算方法不明确导致无

第六章

109

法计算出具体数额；

（三）交付的特定物不明确或者无法确定；

（四）行为履行的标准、对象、范围不明确；

仲裁裁决或者仲裁调解书仅确定继续履行合同，但对继续履行的权利义务，以及履行的方式、期限等具体内容不明确，导致无法执行的，依照前款规定处理。

第4条　对仲裁裁决主文或者仲裁调解书中的文字、计算错误以及仲裁庭已经认定但在裁决主文中遗漏的事项，可以补正或说明的，人民法院应当书面告知仲裁庭补正或说明，或者向仲裁机构调阅仲裁案卷查明。仲裁庭不补正也不说明，且人民法院调阅仲裁案卷后执行内容仍然不明确具体无法执行的，可以裁定驳回执行申请。

第5条　申请执行人对人民法院依照本规定第三条、第四条作出的驳回执行申请裁定不服的，可以自裁定送达之日起十日内向上一级人民法院申请复议。

第6条　仲裁裁决或者仲裁调解书确定交付的特定物确已毁损或者灭失的，依照《最高人民法院关于适用〈中华人民共和国民事诉讼法〉的解释》第四百九十四条的规定处理。

第7条　被执行人申请撤销仲裁裁决并已由人民法院受理的，或者被执行人、案外人对仲裁裁决执行案件提出不予执行申请并提供适当担保的，执行法院应当裁定中止执行。中止执行期间，人民法院应当停止处分性措施，但申请执行人提供充分、有效的担保请求继续执行的除外；执行标的查封、扣押、冻结期限届满前，人民法院可以根据当事人申请或者依职权办理续行查封、扣押、冻结手续。

申请撤销仲裁裁决、不予执行仲裁裁决案件司法审查期间，当事人、案外人申请对已查封、扣押、冻结之外的财产采取保全措施的，负责审查的人民法院参照民事诉讼法第一百条的规定处理。司法审查后仍需继续执行的，保全措施自动转为执行中的查封、扣押、冻结措施；采取保全措施的人民法院与执行法院不一致的，应当将保全手续移送执行法院，保全裁定视为执行法院作出的裁定。

第8条　被执行人向人民法院申请不予执行仲裁裁决的，应当在执行通知书送达之日起十五日内提出书面申请；有民事诉讼法第二百三十七条第二款第四、六项规定情形且执行程序尚未终结的，应当自知道或者应当知道有关事实或案件之日起十五日内提出书面申请。

本条前款规定期限届满前，被执行人已向有管辖权的人民法院申请撤销仲裁裁决且已被受理的，自人民法院驳回撤销仲裁裁决申请的裁判文书生效之日起重新计算期限。

第9条　案外人向人民法院申请不予执行仲裁裁决或者仲裁调解书的，应当提交申请书以及证明其请求成立的证据材料，并符合下列条件：

（一）有证据证明仲裁案件当事人恶意申请仲裁或者虚假仲裁，损害其合法权益；

（二）案外人主张的合法权益所涉及的执行标的尚未执行终结；

（三）自知道或者应当知道人民法院对该标的采取执行措施之日起三十日内提出。

第10条　被执行人申请不予执行仲裁裁决，对同一仲裁裁决的多个不予执行事由应当一并提出。不予执行仲裁裁决申请被裁定驳回后，再次提出申请的，人民法院不予审查，但有新证据证明存在民事诉讼法第二百三十七条第二款第四、六项规定情形的除外。

第11条　人民法院对不予执行仲裁裁决案件应当组成合议庭围绕被执行人申请的事由、案外人的申请进行审查；对被执行人没有申请的事由不予审查，但仲裁裁决可能违背社会公共利益的除外。

被执行人、案外人对仲裁裁决执行案件申请不予执行的，人民法院应当进行询问；被执行人在询问终结前提出其他不予执行事由的，应当一并审查。人民法院审查时，认为必要的，可以要求仲裁庭作出说明，或者向仲裁机构调阅仲裁案卷。

第 12 条　人民法院对不予执行仲裁裁决案件的审查，应当在立案之日起两个月内审查完毕并作出裁定；有特殊情况需要延长的，经本院院长批准，可以延长一个月。

第 13 条　下列情形经人民法院审查属实的，应当认定为民事诉讼法第二百三十七条第二款第二项规定的"裁决的事项不属于仲裁协议的范围或者仲裁机构无权仲裁的"情形：

（一）裁决的事项超出仲裁协议约定的范围；

（二）裁决的事项属于依照法律规定或者当事人选择的仲裁规则规定的不可仲裁事项；

（三）裁决内容超出当事人仲裁请求的范围；

（四）作出裁决的仲裁机构非仲裁协议所约定。

第 14 条　违反仲裁法规定的仲裁程序、当事人选择的仲裁规则或者当事人对仲裁程序的特别约定，可能影响案件公正裁决，经人民法院审查属实的，应当认定为民事诉讼法第二百三十七条第二款第三项规定的"仲裁庭的组成或者仲裁的程序违反法定程序的"情形。

当事人主张未按照仲裁法或仲裁规则规定的方式送达法律文书导致其未能参与仲裁，或者仲裁员根据仲裁法或仲裁规则的规定应当回避而未回避，可能影响公正裁决，经审查属实的，人民法院应当支持；仲裁庭按照仲裁法或仲裁规则以及当事人约定的方式送达仲裁法律文书，当事人主张不符合民事诉讼法有关送达规定的，人民法院不予支持。

适用的仲裁程序或仲裁规则经特别提示，当事人知道或者应当知道法定仲裁程序或选择的仲裁规则未被遵守，但仍然参加或者继续参加仲裁程序且未提出异议，在仲裁裁决作出之后以违反法定程序为由申请不予执行仲裁裁决的，人民法院不予支持。

第15条 符合下列条件的，人民法院应当认定为民事诉讼法第二百三十七条第二款第四项规定的"裁决所根据的证据是伪造的"情形：

（一）该证据已被仲裁裁决采信；

（二）该证据属于认定案件基本事实的主要证据；

（三）该证据经查明确属通过捏造、变造、提供虚假证明等非法方式形成或者获取，违反证据的客观性、关联性、合法性要求。

第16条 符合下列条件的，人民法院应当认定为民事诉讼法第二百三十七条第二款第五项规定的"对方当事人向仲裁机构隐瞒了足以影响公正裁决的证据的"情形：

（一）该证据属于认定案件基本事实的主要证据；

（二）该证据仅为对方当事人掌握，但未向仲裁庭提交；

（三）仲裁过程中知悉存在该证据，且要求对方当事人出示或者请求仲裁庭责令其提交，但对方当事人无正当理由未予出示或者提交。

当事人一方在仲裁过程中隐瞒己方掌握的证据，仲裁裁决作出后以己方所隐瞒的证据足以影响公正裁决为由申请不予执行仲裁裁决的，人民法院不予支持。

第17条 被执行人申请不予执行仲裁调解书或者根据当事人之间的和解协议、调解协议作出的仲裁裁决，人民法院不予支持，但该仲裁调解书或者仲裁裁决违背社会公共利益的除外。

第18条 案外人根据本规定第九条申请不予执行仲裁裁决或者仲裁调解书，符合下列条件的，人民法院应当支持：

（一）案外人系权利或者利益的主体；

（二）案外人主张的权利或者利益合法、真实；

（三）仲裁案件当事人之间存在虚构法律关系，捏造案件事实的情形；

（四）仲裁裁决主文或者仲裁调解书处理当事人民事权利义务的结果部分或者全部错误，损害案外人合法权益。

第19条　被执行人、案外人对仲裁裁决执行案件逾期申请不予执行的，人民法院应当裁定不予受理；已经受理的，应当裁定驳回不予执行申请。

被执行人、案外人对仲裁裁决执行案件申请不予执行，经审查理由成立的，人民法院应当裁定不予执行；理由不成立的，应当裁定驳回不予执行申请。

第20条　当事人向人民法院申请撤销仲裁裁决被驳回后，又在执行程序中以相同事由提出不予执行申请的，人民法院不予支持；当事人向人民法院申请不予执行被驳回后，又以相同事由申请撤销仲裁裁决的，人民法院不予支持。

在不予执行仲裁裁决案件审查期间，当事人向有管辖权的人民法院提出撤销仲裁裁决申请并被受理的，人民法院应当裁定中止对不予执行申请的审查；仲裁裁决被撤销或者决定重新仲裁的，人民法院应当裁定终结执行，并终结对不予执行申请的审查；撤销仲裁裁决申请被驳回或者申请执行人撤回撤销仲裁裁决申请的，人民法院应当恢复对不予执行申请的审查；被执行人撤回撤销仲裁裁决申请的，人民法院应当裁定终结对不予执行申请的审查，但案外人申请不予执行仲裁裁决的除外。

第21条　人民法院裁定驳回撤销仲裁裁决申请或者驳回不予执行仲裁裁决、仲裁调解书申请的，执行法院应当恢复执行。

人民法院裁定撤销仲裁裁决或者基于被执行人申请裁定不予执行仲裁裁决，原被执行人申请执行回转或者解除强制执行措施的，人民法院应当支持。原申请执行人对已履行或者被人民法院强制执行的款物申请保全的，人民法院应当依法准许；原申请执行人在人民法院采取保全措施之日起三十日内，未根据双方达成的书面仲裁协议重新申请仲裁或者向人民法院起诉的，人民法院应当裁定解除保全。

人民法院基于案外人申请裁定不予执行仲裁裁决或者仲裁调解书，案外人申请执行回转或者解除强制执行措施的，人民法院应当支持。

第22条 人民法院裁定不予执行仲裁裁决、驳回或者不予受理不予执行仲裁裁决申请后，当事人对该裁定提出执行异议或者申请复议的，人民法院不予受理。

人民法院裁定不予执行仲裁裁决的，当事人可以根据双方达成的书面仲裁协议重新申请仲裁，也可以向人民法院起诉。

人民法院基于案外人申请裁定不予执行仲裁裁决或者仲裁调解书，当事人不服的，可以自裁定送达之日起十日内向上一级人民法院申请复议；人民法院裁定驳回或者不予受理案外人提出的不予执行仲裁裁决、仲裁调解书申请，案外人不服的，可以自裁定送达之日起十日内向上一级人民法院申请复议。

第23条 本规定第八条、第九条关于对仲裁裁决执行案件申请不予执行的期限自本规定施行之日起重新计算。

第24条 本规定自2018年3月1日起施行，本院以前发布的司法解释与本规定不一致的，以本规定为准。

本规定施行前已经执行终结的执行案件，不适用本规定；本规定施行后尚未执行终结的执行案件，适用本规定。

**4.《最高人民法院关于仲裁机构"先予仲裁"裁决或者调解书立案、执行等法律适用问题的批复》**（2018年6月5日）

广东省高级人民法院：

你院《关于"先予仲裁"裁决应否立案执行的请示》（粤高

法〔2018〕99号）收悉。经研究，批复如下：

当事人申请人民法院执行仲裁机构根据仲裁法作出的仲裁裁决或者调解书，人民法院经审查，符合民事诉讼法、仲裁法相关规定的，应当依法及时受理，立案执行。但是，根据仲裁法第二条的规定，仲裁机构可以仲裁的是当事人间已经发生的合同纠纷和其他财产权益纠纷。因此，网络借贷合同当事人申请执行仲裁机构在纠纷发生前作出的仲裁裁决或者调解书的，人民法院应当裁定不予受理；已经受理的，裁定驳回执行申请。

你院请示中提出的下列情形，应当认定为民事诉讼法第二百三十七条第二款第三项规定的"仲裁庭的组成或者仲裁的程序违反法定程序"的情形：

一、仲裁机构未依照仲裁法规定的程序审理纠纷或者主持调解，径行根据网络借贷合同当事人在纠纷发生前签订的和解或者调解协议作出仲裁裁决、仲裁调解书的；

二、仲裁机构在仲裁过程中未保障当事人申请仲裁员回避、提供证据、答辩等仲裁法规定的基本程序权利的。

前款规定情形中，网络借贷合同当事人以约定弃权条款为由，主张仲裁程序未违反法定程序的，人民法院不予支持。

人民法院办理其他合同纠纷、财产权益纠纷仲裁裁决或者调解书执行案件，适用本批复。

此复。

**第七十七条**    **仲裁裁决的执行中止、终结与恢复**

一方当事人申请执行裁决，另一方当事人申请撤销裁决的，人民法院应当裁定中止执行。

人民法院裁定撤销裁决的，应当裁定终结执行。撤销裁决的申请被裁定驳回的，人民法院应当裁定恢复执行。

## ● 法　律

1. 《民事诉讼法》（2023 年 9 月 1 日）

第 267 条　有下列情形之一的，人民法院应当裁定中止执行：

（一）申请人表示可以延期执行的；

（二）案外人对执行标的提出确有理由的异议的；

（三）作为一方当事人的公民死亡，需要等待继承人继承权利或者承担义务的；

（四）作为一方当事人的法人或者其他组织终止，尚未确定权利义务承受人的；

（五）人民法院认为应当中止执行的其他情形。

中止的情形消失后，恢复执行。

第 268 条　有下列情形之一的，人民法院裁定终结执行：

（一）申请人撤销申请的；

（二）据以执行的法律文书被撤销的；

（三）作为被执行人的公民死亡，无遗产可供执行，又无义务承担人的；

（四）追索赡养费、扶养费、抚养费案件的权利人死亡的；

（五）作为被执行人的公民因生活困难无力偿还借款，无收入来源，又丧失劳动能力的；

（六）人民法院认为应当终结执行的其他情形。

## ● 司法解释及文件

2. 《最高人民法院关于人民法院办理仲裁裁决执行案件若干问题的规定》（2018 年 2 月 22 日）

第 7 条　被执行人申请撤销仲裁裁决并已由人民法院受理的，或者被执行人、案外人对仲裁裁决执行案件提出不予执行申请并提供适当担保的，执行法院应当裁定中止执行。中止执行期

第六章

间，人民法院应当停止处分性措施，但申请执行人提供充分、有效的担保请求继续执行的除外；执行标的查封、扣押、冻结期限届满前，人民法院可以根据当事人申请或者依职权办理续行查封、扣押、冻结手续。

申请撤销仲裁裁决、不予执行仲裁裁决案件司法审查期间，当事人、案外人申请对已查封、扣押、冻结之外的财产采取保全措施的，负责审查的人民法院参照民事诉讼法第一百条的规定处理。司法审查后仍需继续执行的，保全措施自动转为执行中的查封、扣押、冻结措施；采取保全措施的人民法院与执行法院不一致的，应当将保全手续移送执行法院，保全裁定视为执行法院作出的裁定。

# 第七章 涉外仲裁的特别规定

**第七十八条** 涉外仲裁的法律适用

涉外经济贸易、运输、海事纠纷以及其他涉外纠纷的仲裁，适用本章规定；本章没有规定的，适用本法其他有关规定。

## ● 法 律

1. **《涉外民事关系法律适用法》**（2010 年 10 月 28 日）

第 2 条 涉外民事关系适用的法律，依照本法确定。其他法律对涉外民事关系法律适用另有特别规定的，依照其规定。

本法和其他法律对涉外民事关系法律适用没有规定的，适用与该涉外民事关系有最密切联系的法律。

第 3 条 当事人依照法律规定可以明示选择涉外民事关系适用的法律。

第 4 条 中华人民共和国法律对涉外民事关系有强制性规定

的，直接适用该强制性规定。

2.《民事诉讼法》（2023 年 9 月 1 日）

第 288 条　涉外经济贸易、运输和海事中发生的纠纷，当事人在合同中订有仲裁条款或者事后达成书面仲裁协议，提交中华人民共和国涉外仲裁机构或者其他仲裁机构仲裁的，当事人不得向人民法院起诉。

当事人在合同中没有订有仲裁条款或者事后没有达成书面仲裁协议的，可以向人民法院起诉。

第 289 条　当事人申请采取保全的，中华人民共和国的涉外仲裁机构应当将当事人的申请，提交被申请人住所地或者财产所在地的中级人民法院裁定。

第 290 条　经中华人民共和国涉外仲裁机构裁决的，当事人不得向人民法院起诉。一方当事人不履行仲裁裁决的，对方当事人可以向被申请人住所地或者财产所在地的中级人民法院申请执行。

第 291 条　对中华人民共和国涉外仲裁机构作出的裁决，被申请人提出证据证明仲裁裁决有下列情形之一的，经人民法院组成合议庭审查核实，裁定不予执行：

（一）当事人在合同中没有订有仲裁条款或者事后没有达成书面仲裁协议的；

（二）被申请人没有得到指定仲裁员或者进行仲裁程序的通知，或者由于其他不属于被申请人负责的原因未能陈述意见的；

（三）仲裁庭的组成或者仲裁的程序与仲裁规则不符的；

（四）裁决的事项不属于仲裁协议的范围或者仲裁机构无权仲裁的。

人民法院认定执行该裁决违背社会公共利益的，裁定不予执行。

第 292 条　仲裁裁决被人民法院裁定不予执行的，当事人可以根据双方达成的书面仲裁协议重新申请仲裁，也可以向人民法院起诉。

### 第七十九条　涉外仲裁的证据保全

涉外仲裁的当事人申请证据保全的，仲裁机构应当将当事人的申请提交证据所在地的中级人民法院，人民法院应当依法及时处理。

● **法　律**

1. 《**民事诉讼法**》（2023 年 9 月 1 日）

**第 289 条**　当事人申请采取保全的，中华人民共和国的涉外仲裁机构应当将当事人的申请，提交被申请人住所地或者财产所在地的中级人民法院裁定。

● **行业规定**

2. 《**中国国际经济贸易仲裁委员会仲裁规则（2024 版）**》（2023年 9 月 2 日）

**第 23 条　保全措施及临时措施**

（一）当事人申请保全措施的，仲裁委员会应当将当事人的保全措施申请转交当事人指明的有管辖权的法院。

仲裁委员会可依据当事人的请求，将其提交的保全措施申请在仲裁通知发出前先行转交上述法院。

（二）根据所适用的法律或当事人的约定，当事人可以依据《中国国际经济贸易仲裁委员会紧急仲裁员程序》（本规则附件三）向仲裁委员会仲裁院申请紧急性临时救济。紧急仲裁员可以决定采取必要或适当的紧急性临时救济措施。紧急仲裁员决定对双方当事人具有约束力。

（三）经一方当事人请求，仲裁庭依据所适用的法律或当事人的约定可以决定采取其认为必要或适当的临时措施，并有权决定由请求临时措施的一方当事人提供适当的担保。

3. 《中国海事仲裁委员会仲裁规则》（2021 年 9 月 13 日）

**第 24 条　证据保全**

当事人申请证据保全的，仲裁委员会应当将当事人的申请提交证据所在地的海事法院或其他有管辖权的法院作出裁定；当事人在仲裁程序开始前申请证据保全的，应当依照《中华人民共和国海事诉讼特别程序法》或《中华人民共和国民事诉讼法》的规定，直接向被保全的证据所在地海事法院或其他有管辖权的法院提出。

## 第八十条　　涉外仲裁的开庭笔录与笔录要点

涉外仲裁的仲裁庭可以将开庭情况记入笔录，或者作出笔录要点，笔录要点可以由当事人和其他仲裁参与人签名或者盖章。

## 第八十一条　　涉外仲裁仲裁地

当事人可以书面约定仲裁地。除当事人对仲裁程序的适用法另有约定外，以仲裁地作为仲裁程序的适用法及司法管辖法院的确定依据。仲裁裁决视为在仲裁地作出。

当事人对仲裁地没有约定或者约定不明确的，根据当事人约定的仲裁规则确定仲裁地；仲裁规则没有规定的，由仲裁庭根据案件情况，按照便利争议解决的原则确定仲裁地。

● 法　律

1. 《涉外民事关系法律适用法》（2010 年 10 月 28 日）

第 10 条　涉外民事关系适用的外国法律，由人民法院、仲裁机构或者行政机关查明。当事人选择适用外国法律的，应当提供该国法律。

不能查明外国法律或者该国法律没有规定的，适用中华人民共和国法律。

第 18 条　当事人可以协议选择仲裁协议适用的法律。当事人没有选择的，适用仲裁机构所在地法律或者仲裁地法律。

● 司法解释及文件

2. 《最高人民法院关于适用〈中华人民共和国涉外民事关系法律适用法〉若干问题的解释（一）》（2020 年 12 月 29 日）

第 12 条　当事人没有选择涉外仲裁协议适用的法律，也没有约定仲裁机构或者仲裁地，或者约定不明的，人民法院可以适用中华人民共和国法律认定该仲裁协议的效力。

### 第八十二条　临时仲裁与相关保全

涉外海事纠纷或者在经国务院批准设立的自由贸易试验区、海南自由贸易港以及国家规定的其他区域内设立登记的企业之间发生的涉外纠纷，当事人书面约定仲裁的，可以选择由仲裁机构进行；也可以选择以中华人民共和国为仲裁地，由符合本法规定条件的人员组成仲裁庭按照约定的仲裁规则进行，该仲裁庭应当在组庭后三个工作日内将当事人名称、仲裁地、仲裁庭的组成情况、仲裁规则向仲裁协会备案。

当事人申请财产保全、证据保全、请求责令另一方当事人作出一定行为或者禁止其作出一定行为的，仲裁庭应当依法将当事人的申请提交人民法院，人民法院应当依法及时处理。

● 行政法规及文件

《国务院关于印发中国（上海）自由贸易试验区临港新片区总体方案的通知》（2019 年 7 月 27 日）

二、建立以投资贸易自由化为核心的制度体系

在适用自由贸易试验区各项开放创新措施的基础上，支持新

片区以投资自由、贸易自由、资金自由、运输自由、人员从业自由等为重点，推进投资贸易自由化便利化。

（四）实施公平竞争的投资经营便利。借鉴国际上自由贸易园区的通行做法，实施外商投资安全审查制度，在电信、保险、证券、科研和技术服务、教育、卫生等重点领域加大对外开放力度，放宽注册资本、投资方式等限制，促进各类市场主体公平竞争。探索试行商事主体登记确认制，尊重市场主体民事权利，对申请人提交的文件实行形式审查。深入实施"证照分离"改革。支持新片区加强国际商事纠纷审判组织建设。允许境外知名仲裁及争议解决机构经上海市人民政府司法行政部门登记并报国务院司法行政部门备案，在新片区内设立业务机构，就国际商事、海事、投资等领域发生的民商事争议开展仲裁业务，依法支持和保障中外当事人在仲裁前和仲裁中的财产保全、证据保全、行为保全等临时措施的申请和执行。

### 第八十三条　涉外仲裁裁决的撤销

当事人提出证据证明涉外仲裁裁决有下列情形之一的，经人民法院组成合议庭审查核实，裁定撤销：

（一）没有仲裁协议；

（二）被申请人没有得到指定仲裁员或者进行仲裁程序的通知，或者由于其他不属于被申请人负责的原因未能陈述意见；

（三）仲裁庭的组成或者仲裁的程序与仲裁规则不符；

（四）裁决的事项不属于仲裁协议的范围或者仲裁机构无权仲裁。

人民法院认定该裁决违背公共利益的，应当裁定撤销。

第七章

● **法　律**

**1.《民事诉讼法》**（2023 年 9 月 1 日）

　　第 291 条　对中华人民共和国涉外仲裁机构作出的裁决，被申请人提出证据证明仲裁裁决有下列情形之一的，经人民法院组成合议庭审查核实，裁定不予执行：

　　（一）当事人在合同中没有订有仲裁条款或者事后没有达成书面仲裁协议的；

　　（二）被申请人没有得到指定仲裁员或者进行仲裁程序的通知，或者由于其他不属于被申请人负责的原因未能陈述意见的；

　　（三）仲裁庭的组成或者仲裁的程序与仲裁规则不符的；

　　（四）裁决的事项不属于仲裁协议的范围或者仲裁机构无权仲裁的。

　　人民法院认定执行该裁决违背社会公共利益的，裁定不予执行。

● **司法解释及文件**

**2.《最高人民法院关于人民法院撤销涉外仲裁裁决有关事项的通知》**（2008 年 12 月 16 日）

各省、自治区、直辖市高级人民法院，解放军军事法院：

　　为严格执行《中华人民共和国仲裁法》（以下简称仲裁法）和《中华人民共和国民事诉讼法》（以下简称民事诉讼法），保障诉讼和仲裁活动依法进行，现决定对人民法院撤销我国涉外仲裁裁决建立报告制度，为此，特作如下通知：

　　一、凡一方当事人按照仲裁法的规定向人民法院申请撤销我国涉外仲裁裁决，如果人民法院经审查认为涉外仲裁裁决具有民事诉讼法第二百五十八条第一款规定的情形之一的，在裁定撤销裁决或通知仲裁庭重新仲裁之前，须报请本辖区所属高级人民法院进行审查。如果高级人民法院同意撤销裁决或通知仲裁庭重新仲裁，应将其审查意见报最高人民法院。待最高人民法院答复后，方可裁定撤销裁决或通知仲裁庭重新仲裁。

二、受理申请撤销裁决的人民法院如认为应予撤销裁决或通知仲裁庭重新仲裁的，应在受理申请后三十日内报其所属的高级人民法院，该高级人民法院如同意撤销裁决或通知仲裁庭重新仲裁的，应在十五日内报最高人民法院，以严格执行仲裁法第六十条的规定。

## 第八十四条　涉外仲裁裁决的不予执行

被申请人提出证据证明涉外仲裁裁决有本法第八十三条第一款规定的情形之一的，经人民法院组成合议庭审查核实，裁定不予执行。

人民法院认定执行该裁决违背公共利益的，应当裁定不予执行。

● 法　律

1.《民事诉讼法》（2023 年 9 月 1 日）

第 291 条　对中华人民共和国涉外仲裁机构作出的裁决，被申请人提出证据证明仲裁裁决有下列情形之一的，经人民法院组成合议庭审查核实，裁定不予执行：

（一）当事人在合同中没有订有仲裁条款或者事后没有达成书面仲裁协议的；

（二）被申请人没有得到指定仲裁员或者进行仲裁程序的通知，或者由于其他不属于被申请人负责的原因未能陈述意见的；

（三）仲裁庭的组成或者仲裁的程序与仲裁规则不符的；

（四）裁决的事项不属于仲裁协议的范围或者仲裁机构无权仲裁的。

人民法院认定执行该裁决违背社会公共利益的，裁定不予执行。

第 292 条　仲裁裁决被人民法院裁定不予执行的，当事人可以根据双方达成的书面仲裁协议重新申请仲裁，也可以向人民法院起诉。

● 司法解释及文件

**2.《最高人民法院关于人民法院处理与涉外仲裁及外国仲裁事项有关问题的通知》**（2008 年 12 月 16 日）

各省、自治区、直辖市高级人民法院，解放军军事法院：

为严格执行《中华人民共和国民事诉讼法》以及我国参加的有关国际公约的规定，保障诉讼和仲裁活动依法进行，现决定对人民法院受理具有仲裁协议的涉外经济纠纷案、不予执行涉外仲裁裁决以及拒绝承认和执行外国仲裁裁决等问题建立报告制度。为此，特作如下通知：

一、凡起诉到人民法院的涉外、涉港澳和涉台经济、海事海商纠纷案件，如果当事人在合同中订有仲裁条款或者事后达成仲裁协议，人民法院认为该仲裁条款或者仲裁协议无效、失效或者内容不明确无法执行的，在决定受理一方当事人起诉之前，必须报请本辖区所属高级人民法院进行审查；如果高级人民法院同意受理，应将其审查意见报最高人民法院。在最高人民法院未作答复前，可暂不予受理。

二、凡一方当事人向人民法院申请执行我国涉外仲裁机构裁决，或者向人民法院申请承认和执行外国仲裁机构的裁决，如果人民法院认为我国涉外仲裁机构裁决具有民事诉讼法第二百五十八条情形之一的，或者申请承认和执行的外国仲裁裁决不符合我国参加的国际公约的规定或者不符合互惠原则的，在裁定不予执行或者拒绝承认和执行之前，必须报请本辖区所属高级人民法院进行审查；如果高级人民法院同意不予执行或者拒绝承认和执行，应将其审查意见报最高人民法院。待最高人民法院答复后，方可裁定不予执行或者拒绝承认和执行。

## 第八十五条　涉外仲裁裁决的执行

在中华人民共和国领域内作出的发生法律效力的仲裁裁决，当事人请求执行的，如果被执行人或者其财产不在中华人民共和国领域内，当事人可以直接向有管辖权的外国法院申请承认和执行。

● 法　律

**《民事诉讼法》**（2023 年 9 月 1 日）

**第 250 条**　申请执行的期间为二年。申请执行时效的中止、中断，适用法律有关诉讼时效中止、中断的规定。

前款规定的期间，从法律文书规定履行期间的最后一日起计算；法律文书规定分期履行的，从最后一期履行期限届满之日起计算；法律文书未规定履行期间的，从法律文书生效之日起计算。

**第 290 条**　经中华人民共和国涉外仲裁机构裁决的，当事人不得向人民法院起诉。一方当事人不履行仲裁裁决的，对方当事人可以向被申请人住所地或者财产所在地的中级人民法院申请执行。

**第 297 条**　人民法院作出的发生法律效力的判决、裁定，如果被执行人或者其财产不在中华人民共和国领域内，当事人请求执行的，可以由当事人直接向有管辖权的外国法院申请承认和执行，也可以由人民法院依照中华人民共和国缔结或者参加的国际条约的规定，或者按照互惠原则，请求外国法院承认和执行。

在中华人民共和国领域内依法作出的发生法律效力的仲裁裁决，当事人请求执行的，如果被执行人或者其财产不在中华人民

第七章

127

共和国领域内，当事人可以直接向有管辖权的外国法院申请承认和执行。

● 案例指引

**上海金纬机械制造有限公司与瑞士瑞泰克公司仲裁裁决执行复议案**（最高人民法院指导案例 37 号）

　　**裁判要旨**：当事人向我国法院申请执行发生法律效力的涉外仲裁裁决，发现被申请执行人或者其财产在我国领域内的，我国法院即对该案具有执行管辖权。当事人申请法院强制执行的时效期间，应当自发现被申请执行人或者其财产在我国领域内之日起算。

| 第八十六条 | 支持涉外仲裁工作合作交流 |
| --- | --- |

　　支持仲裁机构到中华人民共和国境外设立业务机构，开展仲裁活动。

　　根据经济社会发展和改革开放需要，可以允许境外仲裁机构在国务院批准设立的自由贸易试验区、海南自由贸易港等区域内依照国家有关规定设立业务机构，开展涉外仲裁活动。

● 行政法规及文件

**《国务院关于印发中国（上海）自由贸易试验区临港新片区总体方案的通知》**（2019 年 7 月 27 日）

　　二、建立以投资贸易自由化为核心的制度体系

　　在适用自由贸易试验区各项开放创新措施的基础上，支持新片区以投资自由、贸易自由、资金自由、运输自由、人员从业自由等为重点，推进投资贸易自由化便利化。

　　（四）实施公平竞争的投资经营便利。借鉴国际上自由贸易园区的通行做法，实施外商投资安全审查制度，在电信、保险、证券、科研和技术服务、教育、卫生等重点领域加大对外开放力度，放宽注册资本、投资方式等限制，促进各类市场主体公平竞

争。探索试行商事主体登记确认制，尊重市场主体民事权利，对申请人提交的文件实行形式审查。深入实施"证照分离"改革。支持新片区加强国际商事纠纷审判组织建设。允许境外知名仲裁及争议解决机构经上海市人民政府司法行政部门登记并报国务院司法行政部门备案，在新片区内设立业务机构，就国际商事、海事、投资等领域发生的民商事争议开展仲裁业务，依法支持和保障中外当事人在仲裁前和仲裁中的财产保全、证据保全、行为保全等临时措施的申请和执行。

## 第八十七条　　鼓励涉外仲裁当事人选择我国仲裁机构

鼓励涉外仲裁当事人选择中华人民共和国（包括特别行政区）的仲裁机构、约定中华人民共和国（包括特别行政区）作为仲裁地进行仲裁。

## 第八十八条　　境外生效裁决申请承认和执行的管辖法院及对等原则

在中华人民共和国领域外作出的发生法律效力的仲裁裁决，需要人民法院承认和执行的，当事人可以直接向被执行人住所地或者其财产所在地的中级人民法院申请。被执行人住所地或者其财产不在中华人民共和国领域内的，当事人可以向申请人住所地或者与裁决的纠纷有适当联系的地点的中级人民法院申请。人民法院应当依照中华人民共和国缔结或者参加的国际条约，或者按照互惠原则办理。

外国仲裁机构对中华人民共和国的公民、法人和其他组织的合法权益加以限制、歧视的，中华人民共和国有关机构有权对该国公民、企业和其他组织实行对等原则。

《民事诉讼法》（2023 年 9 月 1 日）

第 293 条　根据中华人民共和国缔结或者参加的国际条约，或者按照互惠原则，人民法院和外国法院可以相互请求，代为送达文书、调查取证以及进行其他诉讼行为。

外国法院请求协助的事项有损于中华人民共和国的主权、安全或者社会公共利益的，人民法院不予执行。

第 297 条　人民法院作出的发生法律效力的判决、裁定，如果被执行人或者其财产不在中华人民共和国领域内，当事人请求执行的，可以由当事人直接向有管辖权的外国法院申请承认和执行，也可以由人民法院依照中华人民共和国缔结或者参加的国际条约的规定，或者按照互惠原则，请求外国法院承认和执行。

在中华人民共和国领域内依法作出的发生法律效力的仲裁裁决，当事人请求执行的，如果被执行人或者其财产不在中华人民共和国领域内，当事人可以直接向有管辖权的外国法院申请承认和执行。

第 298 条　外国法院作出的发生法律效力的判决、裁定，需要人民法院承认和执行的，可以由当事人直接向有管辖权的中级人民法院申请承认和执行，也可以由外国法院依照该国与中华人民共和国缔结或者参加的国际条约的规定，或者按照互惠原则，请求人民法院承认和执行。

第 299 条　人民法院对申请或者请求承认和执行的外国法院作出的发生法律效力的判决、裁定，依照中华人民共和国缔结或者参加的国际条约，或者按照互惠原则进行审查后，认为不违反中华人民共和国法律的基本原则且不损害国家主权、安全、社会公共利益的，裁定承认其效力；需要执行的，发出执行令，依照本法的有关规定执行。

# 第八章 附 则

## 第八十九条 仲裁机构的定义

本法所称的仲裁机构包括依法设立的仲裁委员会、仲裁院等机构。

## 第九十条 仲裁时效

法律对仲裁时效有规定的，依照其规定；没有规定的，适用诉讼时效的规定。

## ● 法 律

1.《民法典》（2020 年 5 月 28 日）

第 188 条 向人民法院请求保护民事权利的诉讼时效期间为三年。法律另有规定的，依照其规定。

诉讼时效期间自权利人知道或者应当知道权利受到损害以及义务人之日起计算。法律另有规定的，依照其规定。但是，自权利受到损害之日起超过二十年的，人民法院不予保护，有特殊情况的，人民法院可以根据权利人的申请决定延长。

第 189 条 当事人约定同一债务分期履行的，诉讼时效期间自最后一期履行期限届满之日起计算。

第 190 条 无民事行为能力人或者限制民事行为能力人对其法定代理人的请求权的诉讼时效期间，自该法定代理终止之日起计算。

第 191 条 未成年人遭受性侵害的损害赔偿请求权的诉讼时效期间，自受害人年满十八周岁之日起计算。

第 192 条 诉讼时效期间届满的，义务人可以提出不履行义务的抗辩。

第
八
章

诉讼时效期间届满后，义务人同意履行的，不得以诉讼时效期间届满为由抗辩；义务人已经自愿履行的，不得请求返还。

第193条　人民法院不得主动适用诉讼时效的规定。

第194条　在诉讼时效期间的最后六个月内，因下列障碍，不能行使请求权的，诉讼时效中止：

（一）不可抗力；

（二）无民事行为能力人或者限制民事行为能力人没有法定代理人，或者法定代理人死亡、丧失民事行为能力、丧失代理权；

（三）继承开始后未确定继承人或者遗产管理人；

（四）权利人被义务人或者其他人控制；

（五）其他导致权利人不能行使请求权的障碍。

自中止时效的原因消除之日起满六个月，诉讼时效期间届满。

第195条　有下列情形之一的，诉讼时效中断，从中断、有关程序终结时起，诉讼时效期间重新计算：

（一）权利人向义务人提出履行请求；

（二）义务人同意履行义务；

（三）权利人提起诉讼或者申请仲裁；

（四）与提起诉讼或者申请仲裁具有同等效力的其他情形。

第196条　下列请求权不适用诉讼时效的规定：

（一）请求停止侵害、排除妨碍、消除危险；

（二）不动产物权和登记的动产物权的权利人请求返还财产；

（三）请求支付抚养费、赡养费或者扶养费；

（四）依法不适用诉讼时效的其他请求权。

第197条　诉讼时效的期间、计算方法以及中止、中断的事由由法律规定，当事人约定无效。

当事人对诉讼时效利益的预先放弃无效。

第 198 条　法律对仲裁时效有规定的，依照其规定；没有规定的，适用诉讼时效的规定。

第 199 条　法律规定或者当事人约定的撤销权、解除权等权利的存续期间，除法律另有规定外，自权利人知道或者应当知道权利产生之日起计算，不适用有关诉讼时效中止、中断和延长的规定。存续期间届满，撤销权、解除权等权利消灭。

**2.《涉外民事关系法律适用法》**（2010 年 10 月 28 日）

第 7 条　诉讼时效，适用相关涉外民事关系应当适用的法律。

● 司法解释及文件

**3.《最高人民法院关于审理民事案件适用诉讼时效制度若干问题的规定》**（2020 年 12 月 29 日）

为正确适用法律关于诉讼时效制度的规定，保护当事人的合法权益，依照《中华人民共和国民法典》《中华人民共和国民事诉讼法》等法律的规定，结合审判实践，制定本规定。

第 1 条　当事人可以对债权请求权提出诉讼时效抗辩，但对下列债权请求权提出诉讼时效抗辩的，人民法院不予支持：

（一）支付存款本金及利息请求权；

（二）兑付国债、金融债券以及向不特定对象发行的企业债券本息请求权；

（三）基于投资关系产生的缴付出资请求权；

（四）其他依法不适用诉讼时效规定的债权请求权。

第 2 条　当事人未提出诉讼时效抗辩，人民法院不应对诉讼时效问题进行释明。

第 3 条　当事人在一审期间未提出诉讼时效抗辩，在二审期间提出的，人民法院不予支持，但其基于新的证据能够证明对方当事人的请求权已过诉讼时效期间的情形除外。

第八章

当事人未按照前款规定提出诉讼时效抗辩，以诉讼时效期间届满为由申请再审或者提出再审抗辩的，人民法院不予支持。

第4条　未约定履行期限的合同，依照民法典第五百一十条、第五百一十一条的规定，可以确定履行期限的，诉讼时效期间从履行期限届满之日起计算；不能确定履行期限的，诉讼时效期间从债权人要求债务人履行义务的宽限期届满之日起计算，但债务人在债权人第一次向其主张权利之时明确表示不履行义务的，诉讼时效期间从债务人明确表示不履行义务之日起计算。

第5条　享有撤销权的当事人一方请求撤销合同的，应适用民法典关于除斥期间的规定。对方当事人对撤销合同请求权提出诉讼时效抗辩的，人民法院不予支持。

合同被撤销，返还财产、赔偿损失请求权的诉讼时效期间从合同被撤销之日起计算。

第6条　返还不当得利请求权的诉讼时效期间，从当事人一方知道或者应当知道不当得利事实及对方当事人之日起计算。

第7条　管理人因无因管理行为产生的给付必要管理费用、赔偿损失请求权的诉讼时效期间，从无因管理行为结束并且管理人知道或者应当知道本人之日起计算。

本人因不当无因管理行为产生的赔偿损失请求权的诉讼时效期间，从其知道或者应当知道管理人及损害事实之日起计算。

第8条　具有下列情形之一的，应当认定为民法典第一百九十五条规定的"权利人向义务人提出履行请求"，产生诉讼时效中断的效力：

（一）当事人一方直接向对方当事人送交主张权利文书，对方当事人在文书上签名、盖章、按指印或者虽未签名、盖章、按指印但能够以其他方式证明该文书到达对方当事人的；

（二）当事人一方以发送信件或者数据电文方式主张权利，信件或者数据电文到达或者应当到达对方当事人的；

（三）当事人一方为金融机构，依照法律规定或者当事人约定从对方当事人账户中扣收欠款本息的；

（四）当事人一方下落不明，对方当事人在国家级或者下落不明的当事人一方住所地的省级有影响的媒体上刊登具有主张权利内容的公告的，但法律和司法解释另有特别规定的，适用其规定。

前款第（一）项情形中，对方当事人为法人或者其他组织的，签收人可以是其法定代表人、主要负责人、负责收发信件的部门或者被授权主体；对方当事人为自然人的，签收人可以是自然人本人、同住的具有完全行为能力的亲属或者被授权主体。

**第9条** 权利人对同一债权中的部分债权主张权利，诉讼时效中断的效力及于剩余债权，但权利人明确表示放弃剩余债权的情形除外。

**第10条** 当事人一方向人民法院提交起诉状或者口头起诉的，诉讼时效从提交起诉状或者口头起诉之日起中断。

**第11条** 下列事项之一，人民法院应当认定与提起诉讼具有同等诉讼时效中断的效力：

（一）申请支付令；

（二）申请破产、申报破产债权；

（三）为主张权利而申请宣告义务人失踪或死亡；

（四）申请诉前财产保全、诉前临时禁令等诉前措施；

（五）申请强制执行；

（六）申请追加当事人或者被通知参加诉讼；

（七）在诉讼中主张抵销；

（八）其他与提起诉讼具有同等诉讼时效中断效力的事项。

**第12条** 权利人向人民调解委员会以及其他依法有权解决相关民事纠纷的国家机关、事业单位、社会团体等社会组织提出保护相应民事权利的请求，诉讼时效从提出请求之日起中断。

第13条 权利人向公安机关、人民检察院、人民法院报案或者控告,请求保护其民事权利的,诉讼时效从其报案或者控告之日起中断。

上述机关决定不立案、撤销案件、不起诉的,诉讼时效期间从权利人知道或者应当知道不立案、撤销案件或者不起诉之日起重新计算;刑事案件进入审理阶段,诉讼时效期间从刑事裁判文书生效之日起重新计算。

第14条 义务人作出分期履行、部分履行、提供担保、请求延期履行、制定清偿债务计划等承诺或者行为的,应当认定为民法典第一百九十五条规定的"义务人同意履行义务"。

第15条 对于连带债权人中的一人发生诉讼时效中断效力的事由,应当认定对其他连带债权人也发生诉讼时效中断的效力。

对于连带债务人中的一人发生诉讼时效中断效力的事由,应当认定对其他连带债务人也发生诉讼时效中断的效力。

第16条 债权人提起代位权诉讼的,应当认定对债权人的债权和债务人的债权均发生诉讼时效中断的效力。

第17条 债权转让的,应当认定诉讼时效从债权转让通知到达债务人之日起中断。

债务承担情形下,构成原债务人对债务承认的,应当认定诉讼时效从债务承担意思表示到达债权人之日起中断。

第18条 主债务诉讼时效期间届满,保证人享有主债务人的诉讼时效抗辩权。

保证人未主张前述诉讼时效抗辩权,承担保证责任后向主债务人行使追偿权的,人民法院不予支持,但主债务人同意给付的情形除外。

第19条 诉讼时效期间届满,当事人一方向对方当事人作出同意履行义务的意思表示或者自愿履行义务后,又以诉讼时效期间届满为由进行抗辩的，人民法院不予支持。

当事人双方就原债务达成新的协议，债权人主张义务人放弃诉讼时效抗辩权的，人民法院应予支持。

超过诉讼时效期间，贷款人向借款人发出催收到期贷款通知单，债务人在通知单上签字或者盖章，能够认定借款人同意履行诉讼时效期间已经届满的义务的，对于贷款人关于借款人放弃诉讼时效抗辩权的主张，人民法院应予支持。

第 20 条　本规定施行后，案件尚在一审或者二审阶段的，适用本规定；本规定施行前已经终审的案件，人民法院进行再审时，不适用本规定。

第 21 条　本规定施行前本院作出的有关司法解释与本规定相抵触的，以本规定为准。

## 第九十一条　仲裁规则制定依据

仲裁机构依照本法和《中华人民共和国民事诉讼法》的有关规定，可以参照中国仲裁协会制定的示范仲裁规则制定仲裁规则。

## 第九十二条　仲裁费用

当事人应当按照规定交纳仲裁费用。

仲裁机构根据国家有关规定，制定收取仲裁费用的办法。

● 行政法规及文件

《仲裁委员会仲裁收费办法》（1995 年 7 月 28 日）

第 1 条　为了规范仲裁委员会的仲裁收费，制定本办法。

第 2 条　当事人申请仲裁，应当按照本办法的规定向仲裁委员会交纳仲裁费用，仲裁费用包括案件受理费和案件处理费。

第 3 条　案件受理费用于给付仲裁员报酬、维持仲裁委员会正常运转的必要开支。

第4条　申请人应当自收到仲裁委员会受理通知书之日起十五日内，按照仲裁案件受理费表的规定预交案件受理费。被申请人在提出反请求的同时，应当按照仲裁案件受理费表的规定预交案件受理费。

仲裁案件受理费的具体标准由仲裁委员会在仲裁案件受理费表规定的幅度内确定，并报仲裁委员会所在地的省、自治区、直辖市人民政府物价管理部门核准。

第5条　仲裁案件受理费表中的争议金额，以申请人请求的数额为准；请求的数额与实际争议金额不一致的，以实际争议金额为准。

申请仲裁时争议金额未确定的，由仲裁委员会根据争议所涉及权益的具体情况确定预先收取的案件受理费数额。

第6条　当事人预交案件受理费确有困难的，由当事人提出申请，经仲裁委员会批准，可以缓交。

当事人在本办法第四条第一款规定的期限内不预交案件受理费，又不提出缓交申请的，视为撤回仲裁申请。

第7条　案件处理费包括：

（一）仲裁员因办理仲裁案件出差、开庭而支出的食宿费、交通费及其他合理费用；

（二）证人、鉴定人、翻译人员等因出庭而支出的食宿费、交通费、误工补贴；

（三）咨询、鉴定、勘验、翻译等费用；

（四）复制、送达案件材料、文书的费用；

（五）其他应当由当事人承担的合理费用。

本条款第（二）、（三）项规定的案件处理费，由提出申请的一方当事人预付。

第8条　案件处理费的收费标准按照国家有关规定执行；国

家没有规定的，按照合理的实际支出收取。

第9条　仲裁费用原则上由败诉的当事人承担；当事人部分胜诉、部分败诉的，由仲裁庭根据当事人各方责任大小确定其各自应当承担的仲裁费用的比例。当事人自行和解或者经仲裁庭调解结案的，当事人可以协商确定各自承担的仲裁费用的比例。

仲裁庭应当在调解书或者裁决书中写明双方当事人最终应当支付的仲裁费用金额。

第10条　依照仲裁法第六十一条的规定，仲裁庭同意重新仲裁的，仲裁委员会不得再行收取案件受理费。

仲裁庭依法对裁决书中的文字、计算错误或者仲裁庭已经裁决但在裁决书中遗漏的事项作出补正，不得收费。

第11条　申请人经书面通知，无正当理由不到庭或者未经仲裁庭许可中途退庭，可以视为撤回仲裁申请，案件受理费、处理费不予退回。

第12条　仲裁委员会受理仲裁申请后，仲裁庭组成前，申请人撤回仲裁申请，或者当事人自行达成和解协议并撤回仲裁申请的，案件受理费应当全部退回。

仲裁庭组成后，申请人撤回仲裁申请或者当事人自行达成和解协议并撤回仲裁申请的，应当根据实际情况酌情退回部分案件受理费。

第13条　本办法第五条、第十二条的规定同样适用于被申请人提出反请求的情形。

第14条　仲裁委员会收取仲裁案件受理费，应当使用省、自治区、直辖市人民政府财政部门统一印制的收费票据，并按照国家有关规定，建立、健全财务核算制度，加强财务、收支管理，接受财政、审计、税务、物价等部门的监督。

第15条　本办法自1995年9月1日起施行。

第八章

附件：

仲裁委员会仲裁案件受理费表

| 争议金额（人民币） | 仲裁案件受理费（人民币） |
|---|---|
| 1000 元以下的部分 | 40—100 元 |
| 1001 元至 50000 元的部分 | 按 4%—5% 交纳 |
| 50001 元至 100000 元的部分 | 按 3%—4% 交纳 |
| 100001 元至 200000 元的部分 | 按 2%—3% 交纳 |
| 200001 元至 500000 元的部分 | 按 1%—2% 交纳 |
| 500001 元至 1000000 元的部分 | 按 0.5%—1% 交纳 |
| 1000001 元以上的部分 | 按 0.25%—0.5% 交纳 |

### 第九十三条　本法适用的例外

劳动争议仲裁、农村土地承包经营纠纷仲裁和体育仲裁等，适用《中华人民共和国劳动争议调解仲裁法》、《中华人民共和国农村土地承包经营纠纷调解仲裁法》、《中华人民共和国体育法》等有关法律的规定。

● 法　律

1. 《劳动争议调解仲裁法》（2007 年 12 月 29 日）

第一章　总　　则

第 1 条　为了公正及时解决劳动争议，保护当事人合法权益，促进劳动关系和谐稳定，制定本法。

第 2 条　中华人民共和国境内的用人单位与劳动者发生的下列劳动争议，适用本法：

（一）因确认劳动关系发生的争议；

（二）因订立、履行、变更、解除和终止劳动合同发生的争议；

（三）因除名、辞退和辞职、离职发生的争议；

（四）因工作时间、休息休假、社会保险、福利、培训以及劳动保护发生的争议；

（五）因劳动报酬、工伤医疗费、经济补偿或者赔偿金等发生的争议；

（六）法律、法规规定的其他劳动争议。

第3条　解决劳动争议，应当根据事实，遵循合法、公正、及时、着重调解的原则，依法保护当事人的合法权益。

第4条　发生劳动争议，劳动者可以与用人单位协商，也可以请工会或者第三方共同与用人单位协商，达成和解协议。

第5条　发生劳动争议，当事人不愿协商、协商不成或者达成和解协议后不履行的，可以向调解组织申请调解；不愿调解、调解不成或者达成调解协议后不履行的，可以向劳动争议仲裁委员会申请仲裁；对仲裁裁决不服的，除本法另有规定的外，可以向人民法院提起诉讼。

第6条　发生劳动争议，当事人对自己提出的主张，有责任提供证据。与争议事项有关的证据属于用人单位掌握管理的，用人单位应当提供；用人单位不提供的，应当承担不利后果。

第7条　发生劳动争议的劳动者一方在十人以上，并有共同请求的，可以推举代表参加调解、仲裁或者诉讼活动。

第8条　县级以上人民政府劳动行政部门会同工会和企业方面代表建立协调劳动关系三方机制，共同研究解决劳动争议的重大问题。

第9条　用人单位违反国家规定，拖欠或者未足额支付劳动报酬，或者拖欠工伤医疗费、经济补偿或者赔偿金的，劳动者可以向劳动行政部门投诉，劳动行政部门应当依法处理。

## 第二章　调　解

第10条　发生劳动争议，当事人可以到下列调解组织申请调解：

（一）企业劳动争议调解委员会；

（二）依法设立的基层人民调解组织；

（三）在乡镇、街道设立的具有劳动争议调解职能的组织。

企业劳动争议调解委员会由职工代表和企业代表组成。职工代表由工会成员担任或者由全体职工推举产生，企业代表由企业负责人指定。企业劳动争议调解委员会主任由工会成员或者双方推举的人员担任。

第11条 劳动争议调解组织的调解员应当由公道正派、联系群众、热心调解工作，并具有一定法律知识、政策水平和文化水平的成年公民担任。

第12条 当事人申请劳动争议调解可以书面申请，也可以口头申请。口头申请的，调解组织应当当场记录申请人基本情况、申请调解的争议事项、理由和时间。

第13条 调解劳动争议，应当充分听取双方当事人对事实和理由的陈述，耐心疏导，帮助其达成协议。

第14条 经调解达成协议的，应当制作调解协议书。

调解协议书由双方当事人签名或者盖章，经调解员签名并加盖调解组织印章后生效，对双方当事人具有约束力，当事人应当履行。

自劳动争议调解组织收到调解申请之日起十五日内未达成调解协议的，当事人可以依法申请仲裁。

第15条 达成调解协议后，一方当事人在协议约定期限内不履行调解协议的，另一方当事人可以依法申请仲裁。

第16条 因支付拖欠劳动报酬、工伤医疗费、经济补偿或者赔偿金事项达成调解协议，用人单位在协议约定期限内不履行的，劳动者可以持调解协议书依法向人民法院申请支付令。人民法院应当依法发出支付令。

## 第三章 仲 裁
### 第一节 一般规定

**第17条** 劳动争议仲裁委员会按照统筹规划、合理布局和适应实际需要的原则设立。省、自治区人民政府可以决定在市、县设立；直辖市人民政府可以决定在区、县设立。直辖市、设区的市也可以设立一个或者若干个劳动争议仲裁委员会。劳动争议仲裁委员会不按行政区划层层设立。

**第18条** 国务院劳动行政部门依照本法有关规定制定仲裁规则。省、自治区、直辖市人民政府劳动行政部门对本行政区域的劳动争议仲裁工作进行指导。

**第19条** 劳动争议仲裁委员会由劳动行政部门代表、工会代表和企业方面代表组成。劳动争议仲裁委员会组成人员应当是单数。

劳动争议仲裁委员会依法履行下列职责：

（一）聘任、解聘专职或者兼职仲裁员；

（二）受理劳动争议案件；

（三）讨论重大或者疑难的劳动争议案件；

（四）对仲裁活动进行监督。

劳动争议仲裁委员会下设办事机构，负责办理劳动争议仲裁委员会的日常工作。

**第20条** 劳动争议仲裁委员会应当设仲裁员名册。

仲裁员应当公道正派并符合下列条件之一：

（一）曾任审判员的；

（二）从事法律研究、教学工作并具有中级以上职称的；

（三）具有法律知识、从事人力资源管理或者工会等专业工作满五年的；

（四）律师执业满三年的。

**第21条** 劳动争议仲裁委员会负责管辖本区域内发生的劳

第八章

动争议。

劳动争议由劳动合同履行地或者用人单位所在地的劳动争议仲裁委员会管辖。双方当事人分别向劳动合同履行地和用人单位所在地的劳动争议仲裁委员会申请仲裁的，由劳动合同履行地的劳动争议仲裁委员会管辖。

第22条　发生劳动争议的劳动者和用人单位为劳动争议仲裁案件的双方当事人。

劳务派遣单位或者用工单位与劳动者发生劳动争议的，劳务派遣单位和用工单位为共同当事人。

第23条　与劳动争议案件的处理结果有利害关系的第三人，可以申请参加仲裁活动或者由劳动争议仲裁委员会通知其参加仲裁活动。

第24条　当事人可以委托代理人参加仲裁活动。委托他人参加仲裁活动，应当向劳动争议仲裁委员会提交有委托人签名或者盖章的委托书，委托书应当载明委托事项和权限。

第25条　丧失或者部分丧失民事行为能力的劳动者，由其法定代理人代为参加仲裁活动；无法定代理人的，由劳动争议仲裁委员会为其指定代理人。劳动者死亡的，由其近亲属或者代理人参加仲裁活动。

第26条　劳动争议仲裁公开进行，但当事人协议不公开进行或者涉及国家秘密、商业秘密和个人隐私的除外。

第二节　申请和受理

第27条　劳动争议申请仲裁的时效期间为一年。仲裁时效期间从当事人知道或者应当知道其权利被侵害之日起计算。

前款规定的仲裁时效，因当事人一方向对方当事人主张权利，或者向有关部门请求权利救济，或者对方当事人同意履行义务而中断。从中断时起，仲裁时效期间重新计算。

因不可抗力或者有其他正当理由，当事人不能在本条第一款规定的仲裁时效期间申请仲裁的，仲裁时效中止。从中止时效的原因消除之日起，仲裁时效期间继续计算。

劳动关系存续期间因拖欠劳动报酬发生争议的，劳动者申请仲裁不受本条第一款规定的仲裁时效期间的限制；但是，劳动关系终止的，应当自劳动关系终止之日起一年内提出。

第28条　申请人申请仲裁应当提交书面仲裁申请，并按照被申请人人数提交副本。

仲裁申请书应当载明下列事项：

（一）劳动者的姓名、性别、年龄、职业、工作单位和住所，用人单位的名称、住所和法定代表人或者主要负责人的姓名、职务；

（二）仲裁请求和所根据的事实、理由；

（三）证据和证据来源、证人姓名和住所。

书写仲裁申请确有困难的，可以口头申请，由劳动争议仲裁委员会记入笔录，并告知对方当事人。

第29条　劳动争议仲裁委员会收到仲裁申请之日起五日内，认为符合受理条件的，应当受理，并通知申请人；认为不符合受理条件的，应当书面通知申请人不予受理，并说明理由。对劳动争议仲裁委员会不予受理或者逾期未作出决定的，申请人可以就该劳动争议事项向人民法院提起诉讼。

第30条　劳动争议仲裁委员会受理仲裁申请后，应当在五日内将仲裁申请书副本送达被申请人。

被申请人收到仲裁申请书副本后，应当在十日内向劳动争议仲裁委员会提交答辩书。劳动争议仲裁委员会收到答辩书后，应当在五日内将答辩书副本送达申请人。被申请人未提交答辩书的，不影响仲裁程序的进行。

### 第三节　开庭和裁决

第31条　劳动争议仲裁委员会裁决劳动争议案件实行仲裁

第八章

145

庭制。仲裁庭由三名仲裁员组成，设首席仲裁员。简单劳动争议案件可以由一名仲裁员独任仲裁。

第32条　劳动争议仲裁委员会应当在受理仲裁申请之日起五日内将仲裁庭的组成情况书面通知当事人。

第33条　仲裁员有下列情形之一，应当回避，当事人也有权以口头或者书面方式提出回避申请：

（一）是本案当事人或者当事人、代理人的近亲属的；

（二）与本案有利害关系的；

（三）与本案当事人、代理人有其他关系，可能影响公正裁决的；

（四）私自会见当事人、代理人，或者接受当事人、代理人的请客送礼的。

劳动争议仲裁委员会对回避申请应当及时作出决定，并以口头或者书面方式通知当事人。

第34条　仲裁员有本法第三十三条第四项规定情形，或者有索贿受贿、徇私舞弊、枉法裁决行为的，应当依法承担法律责任。劳动争议仲裁委员会应当将其解聘。

第35条　仲裁庭应当在开庭五日前，将开庭日期、地点书面通知双方当事人。当事人有正当理由的，可以在开庭三日前请求延期开庭。是否延期，由劳动争议仲裁委员会决定。

第36条　申请人收到书面通知，无正当理由拒不到庭或者未经仲裁庭同意中途退庭的，可以视为撤回仲裁申请。

被申请人收到书面通知，无正当理由拒不到庭或者未经仲裁庭同意中途退庭的，可以缺席裁决。

第37条　仲裁庭对专门性问题认为需要鉴定的，可以交由当事人约定的鉴定机构鉴定；当事人没有约定或者无法达成约定的，由仲裁庭指定的鉴定机构鉴定。

根据当事人的请求或者仲裁庭的要求，鉴定机构应当派鉴定人参加开庭。当事人经仲裁庭许可，可以向鉴定人提问。

第38条　当事人在仲裁过程中有权进行质证和辩论。质证和辩论终结时，首席仲裁员或者独任仲裁员应当征询当事人的最后意见。

第39条　当事人提供的证据经查证属实的，仲裁庭应当将其作为认定事实的根据。

劳动者无法提供由用人单位掌握管理的与仲裁请求有关的证据，仲裁庭可以要求用人单位在指定期限内提供。用人单位在指定期限内不提供的，应当承担不利后果。

第40条　仲裁庭应当将开庭情况记入笔录。当事人和其他仲裁参加人认为对自己陈述的记录有遗漏或者差错的，有权申请补正。如果不予补正，应当记录该申请。

笔录由仲裁员、记录人员、当事人和其他仲裁参加人签名或者盖章。

第41条　当事人申请劳动争议仲裁后，可以自行和解。达成和解协议的，可以撤回仲裁申请。

第42条　仲裁庭在作出裁决前，应当先行调解。

调解达成协议的，仲裁庭应当制作调解书。

调解书应当写明仲裁请求和当事人协议的结果。调解书由仲裁员签名，加盖劳动争议仲裁委员会印章，送达双方当事人。调解书经双方当事人签收后，发生法律效力。

调解不成或者调解书送达前，一方当事人反悔的，仲裁庭应当及时作出裁决。

第43条　仲裁庭裁决劳动争议案件，应当自劳动争议仲裁委员会受理仲裁申请之日起四十五日内结束。案情复杂需要延期的，经劳动争议仲裁委员会主任批准，可以延期并书面通知当事人，但是延长期限不得超过十五日。逾期未作出仲裁裁决的，当事人可以就该劳动争议事项向人民法院提起诉讼。

第八章

仲裁庭裁决劳动争议案件时，其中一部分事实已经清楚，可以就该部分先行裁决。

第44条 仲裁庭对追索劳动报酬、工伤医疗费、经济补偿或者赔偿金的案件，根据当事人的申请，可以裁决先予执行，移送人民法院执行。

仲裁庭裁决先予执行的，应当符合下列条件：

（一）当事人之间权利义务关系明确；

（二）不先予执行将严重影响申请人的生活。

劳动者申请先予执行的，可以不提供担保。

第45条 裁决应当按照多数仲裁员的意见作出，少数仲裁员的不同意见应当记入笔录。仲裁庭不能形成多数意见时，裁决应当按照首席仲裁员的意见作出。

第46条 裁决书应当载明仲裁请求、争议事实、裁决理由、裁决结果和裁决日期。裁决书由仲裁员签名，加盖劳动争议仲裁委员会印章。对裁决持不同意见的仲裁员，可以签名，也可以不签名。

第47条 下列劳动争议，除本法另有规定的外，仲裁裁决为终局裁决，裁决书自作出之日起发生法律效力：

（一）追索劳动报酬、工伤医疗费、经济补偿或者赔偿金，不超过当地月最低工资标准十二个月金额的争议；

（二）因执行国家的劳动标准在工作时间、休息休假、社会保险等方面发生的争议。

第48条 劳动者对本法第四十七条规定的仲裁裁决不服的，可以自收到仲裁裁决书之日起十五日内向人民法院提起诉讼。

第49条 用人单位有证据证明本法第四十七条规定的仲裁裁决有下列情形之一，可以自收到仲裁裁决书之日起三十日内向劳动争议仲裁委员会所在地的中级人民法院申请撤销裁决：

（一）适用法律、法规确有错误的；

（二）劳动争议仲裁委员会无管辖权的；

（三）违反法定程序的；

（四）裁决所根据的证据是伪造的；

（五）对方当事人隐瞒了足以影响公正裁决的证据的；

（六）仲裁员在仲裁该案时有索贿受贿、徇私舞弊、枉法裁决行为的。

人民法院经组成合议庭审查核实裁决有前款规定情形之一的，应当裁定撤销。

仲裁裁决被人民法院裁定撤销的，当事人可以自收到裁定书之日起十五日内就该劳动争议事项向人民法院提起诉讼。

第 50 条　当事人对本法第四十七条规定以外的其他劳动争议案件的仲裁裁决不服的，可以自收到仲裁裁决书之日起十五日内向人民法院提起诉讼；期满不起诉的，裁决书发生法律效力。

第 51 条　当事人对发生法律效力的调解书、裁决书，应当依照规定的期限履行。一方当事人逾期不履行的，另一方当事人可以依照民事诉讼法的有关规定向人民法院申请执行。受理申请的人民法院应当依法执行。

## 第四章　附　　则

第 52 条　事业单位实行聘用制的工作人员与本单位发生劳动争议的，依照本法执行；法律、行政法规或者国务院另有规定的，依照其规定。

第 53 条　劳动争议仲裁不收费。劳动争议仲裁委员会的经费由财政予以保障。

第 54 条　本法自 2008 年 5 月 1 日起施行。

## 2.《农村土地承包经营纠纷调解仲裁法》（2009 年 6 月 27 日）

### 第一章　总　　则

第 1 条　为了公正、及时解决农村土地承包经营纠纷，维护当事人的合法权益，促进农村经济发展和社会稳定，制定本法。

第 2 条　农村土地承包经营纠纷调解和仲裁，适用本法。

农村土地承包经营纠纷包括：

（一）因订立、履行、变更、解除和终止农村土地承包合同发生的纠纷；

（二）因农村土地承包经营权转包、出租、互换、转让、入股等流转发生的纠纷；

（三）因收回、调整承包地发生的纠纷；

（四）因确认农村土地承包经营权发生的纠纷；

（五）因侵害农村土地承包经营权发生的纠纷；

（六）法律、法规规定的其他农村土地承包经营纠纷。

因征收集体所有的土地及其补偿发生的纠纷，不属于农村土地承包仲裁委员会的受理范围，可以通过行政复议或者诉讼等方式解决。

第 3 条　发生农村土地承包经营纠纷的，当事人可以自行和解，也可以请求村民委员会、乡（镇）人民政府等调解。

第 4 条　当事人和解、调解不成或者不愿和解、调解的，可以向农村土地承包仲裁委员会申请仲裁，也可以直接向人民法院起诉。

第 5 条　农村土地承包经营纠纷调解和仲裁，应当公开、公平、公正，便民高效，根据事实，符合法律，尊重社会公德。

第 6 条　县级以上人民政府应当加强对农村土地承包经营纠纷调解和仲裁工作的指导。

县级以上人民政府农村土地承包管理部门及其他有关部门应当依照职责分工，支持有关调解组织和农村土地承包仲裁委员会依法开展工作。

## 第二章　调　　解

第 7 条　村民委员会、乡（镇）人民政府应当加强农村土地承包经营纠纷的调解工作，帮助当事人达成协议解决纠纷。

第 8 条　当事人申请农村土地承包经营纠纷调解可以书面申请，也可以口头申请。口头申请的，由村民委员会或者乡（镇）人民政府当场记录申请人的基本情况、申请调解的纠纷事项、理由和时间。

第 9 条　调解农村土地承包经营纠纷，村民委员会或者乡（镇）人民政府应当充分听取当事人对事实和理由的陈述，讲解有关法律以及国家政策，耐心疏导，帮助当事人达成协议。

第 10 条　经调解达成协议的，村民委员会或者乡（镇）人民政府应当制作调解协议书。

调解协议书由双方当事人签名、盖章或者按指印，经调解人员签名并加盖调解组织印章后生效。

第 11 条　仲裁庭对农村土地承包经营纠纷应当进行调解。调解达成协议的，仲裁庭应当制作调解书；调解不成的，应当及时作出裁决。

调解书应当写明仲裁请求和当事人协议的结果。调解书由仲裁员签名，加盖农村土地承包仲裁委员会印章，送达双方当事人。

调解书经双方当事人签收后，即发生法律效力。在调解书签收前当事人反悔的，仲裁庭应当及时作出裁决。

## 第三章　仲　裁
### 第一节　仲裁委员会和仲裁员

第 12 条　农村土地承包仲裁委员会，根据解决农村土地承包经营纠纷的实际需要设立。农村土地承包仲裁委员会可以在县和不设区的市设立，也可以在设区的市或者其市辖区设立。

农村土地承包仲裁委员会在当地人民政府指导下设立。设立农村土地承包仲裁委员会的，其日常工作由当地农村土地承包管理部门承担。

第 13 条　农村土地承包仲裁委员会由当地人民政府及其有

关部门代表、有关人民团体代表、农村集体经济组织代表、农民代表和法律、经济等相关专业人员兼任组成，其中农民代表和法律、经济等相关专业人员不得少于组成人员的二分之一。

农村土地承包仲裁委员会设主任一人、副主任一至二人和委员若干人。主任、副主任由全体组成人员选举产生。

第14条　农村土地承包仲裁委员会依法履行下列职责：

（一）聘任、解聘仲裁员；

（二）受理仲裁申请；

（三）监督仲裁活动。

农村土地承包仲裁委员会应当依照本法制定章程，对其组成人员的产生方式及任期、议事规则等作出规定。

第15条　农村土地承包仲裁委员会应当从公道正派的人员中聘任仲裁员。

仲裁员应当符合下列条件之一：

（一）从事农村土地承包管理工作满五年；

（二）从事法律工作或者人民调解工作满五年；

（三）在当地威信较高，并熟悉农村土地承包法律以及国家政策的居民。

第16条　农村土地承包仲裁委员会应当对仲裁员进行农村土地承包法律以及国家政策的培训。

省、自治区、直辖市人民政府农村土地承包管理部门应当制定仲裁员培训计划，加强对仲裁员培训工作的组织和指导。

第17条　农村土地承包仲裁委员会组成人员、仲裁员应当依法履行职责，遵守农村土地承包仲裁委员会章程和仲裁规则，不得索贿受贿、徇私舞弊，不得侵害当事人的合法权益。

仲裁员有索贿受贿、徇私舞弊、枉法裁决以及接受当事人请客送礼等违法违纪行为的，农村土地承包仲裁委员会应当将其除名；构成犯罪的，依法追究刑事责任。

县级以上地方人民政府及有关部门应当受理对农村土地承包仲裁委员会组成人员、仲裁员违法违纪行为的投诉和举报，并依法组织查处。

### 第二节 申请和受理

**第18条** 农村土地承包经营纠纷申请仲裁的时效期间为二年，自当事人知道或者应当知道其权利被侵害之日起计算。

**第19条** 农村土地承包经营纠纷仲裁的申请人、被申请人为当事人。家庭承包的，可以由农户代表人参加仲裁。当事人一方人数众多的，可以推选代表人参加仲裁。

与案件处理结果有利害关系的，可以申请作为第三人参加仲裁，或者由农村土地承包仲裁委员会通知其参加仲裁。

当事人、第三人可以委托代理人参加仲裁。

**第20条** 申请农村土地承包经营纠纷仲裁应当符合下列条件：

（一）申请人与纠纷有直接的利害关系；

（二）有明确的被申请人；

（三）有具体的仲裁请求和事实、理由；

（四）属于农村土地承包仲裁委员会的受理范围。

**第21条** 当事人申请仲裁，应当向纠纷涉及的土地所在地的农村土地承包仲裁委员会递交仲裁申请书。仲裁申请书可以邮寄或者委托他人代交。仲裁申请书应当载明申请人和被申请人的基本情况，仲裁请求和所根据的事实、理由，并提供相应的证据和证据来源。

书面申请确有困难的，可以口头申请，由农村土地承包仲裁委员会记入笔录，经申请人核实后由其签名、盖章或者按指印。

**第22条** 农村土地承包仲裁委员会应当对仲裁申请予以审查，认为符合本法第二十条规定的，应当受理。有下列情形之一的，不予受理；已受理的，终止仲裁程序：

（一）不符合申请条件；

（二）人民法院已受理该纠纷；

（三）法律规定该纠纷应当由其他机构处理；

（四）对该纠纷已有生效的判决、裁定、仲裁裁决、行政处理决定等。

第 23 条　农村土地承包仲裁委员会决定受理的，应当自收到仲裁申请之日起五个工作日内，将受理通知书、仲裁规则和仲裁员名册送达申请人；决定不予受理或者终止仲裁程序的，应当自收到仲裁申请或者发现终止仲裁程序情形之日起五个工作日内书面通知申请人，并说明理由。

第 24 条　农村土地承包仲裁委员会应当自受理仲裁申请之日起五个工作日内，将受理通知书、仲裁申请书副本、仲裁规则和仲裁员名册送达被申请人。

第 25 条　被申请人应当自收到仲裁申请书副本之日起十日内向农村土地承包仲裁委员会提交答辩书；书面答辩确有困难的，可以口头答辩，由农村土地承包仲裁委员会记入笔录，经被申请人核实后由其签名、盖章或者按指印。农村土地承包仲裁委员会应当自收到答辩书之日起五个工作日内将答辩书副本送达申请人。被申请人未答辩的，不影响仲裁程序的进行。

第 26 条　一方当事人因另一方当事人的行为或者其他原因，可能使裁决不能执行或者难以执行的，可以申请财产保全。

当事人申请财产保全的，农村土地承包仲裁委员会应当将当事人的申请提交被申请人住所地或者财产所在地的基层人民法院。

申请有错误的，申请人应当赔偿被申请人因财产保全所遭受的损失。

### 第三节　仲裁庭的组成

第 27 条　仲裁庭由三名仲裁员组成，首席仲裁员由当事人共同选定，其他二名仲裁员由当事人各自选定；当事人不能选定的，由农村土地承包仲裁委员会主任指定。

事实清楚、权利义务关系明确、争议不大的农村土地承包经营纠纷，经双方当事人同意，可以由一名仲裁员仲裁。仲裁员由当事人共同选定或者由农村土地承包仲裁委员会主任指定。

农村土地承包仲裁委员会应当自仲裁庭组成之日起二个工作日内将仲裁庭组成情况通知当事人。

第28条　仲裁员有下列情形之一的，必须回避，当事人也有权以口头或者书面方式申请其回避：

（一）是本案当事人或者当事人、代理人的近亲属；

（二）与本案有利害关系；

（三）与本案当事人、代理人有其他关系，可能影响公正仲裁；

（四）私自会见当事人、代理人，或者接受当事人、代理人的请客送礼。

当事人提出回避申请，应当说明理由，在首次开庭前提出。回避事由在首次开庭后知道的，可以在最后一次开庭终结前提出。

第29条　农村土地承包仲裁委员会对回避申请应当及时作出决定，以口头或者书面方式通知当事人，并说明理由。

仲裁员是否回避，由农村土地承包仲裁委员会主任决定；农村土地承包仲裁委员会主任担任仲裁员时，由农村土地承包仲裁委员会集体决定。

仲裁员因回避或者其他原因不能履行职责的，应当依照本法规定重新选定或者指定仲裁员。

### 第四节　开庭和裁决

第30条　农村土地承包经营纠纷仲裁应当开庭进行。

开庭可以在纠纷涉及的土地所在地的乡（镇）或者村进行，

也可以在农村土地承包仲裁委员会所在地进行。当事人双方要求在乡（镇）或者村开庭的，应当在该乡（镇）或者村开庭。

开庭应当公开，但涉及国家秘密、商业秘密和个人隐私以及当事人约定不公开的除外。

第31条　仲裁庭应当在开庭五个工作日前将开庭的时间、地点通知当事人和其他仲裁参与人。

当事人有正当理由的，可以向仲裁庭请求变更开庭的时间、地点。是否变更，由仲裁庭决定。

第32条　当事人申请仲裁后，可以自行和解。达成和解协议的，可以请求仲裁庭根据和解协议作出裁决书，也可以撤回仲裁申请。

第33条　申请人可以放弃或者变更仲裁请求。被申请人可以承认或者反驳仲裁请求，有权提出反请求。

第34条　仲裁庭作出裁决前，申请人撤回仲裁申请的，除被申请人提出反请求的外，仲裁庭应当终止仲裁。

第35条　申请人经书面通知，无正当理由不到庭或者未经仲裁庭许可中途退庭的，可以视为撤回仲裁申请。

被申请人经书面通知，无正当理由不到庭或者未经仲裁庭许可中途退庭的，可以缺席裁决。

第36条　当事人在开庭过程中有权发表意见、陈述事实和理由、提供证据、进行质证和辩论。对不通晓当地通用语言文字的当事人，农村土地承包仲裁委员会应当为其提供翻译。

第37条　当事人应当对自己的主张提供证据。与纠纷有关的证据由作为当事人一方的发包方等掌握管理的，该当事人应当在仲裁庭指定的期限内提供，逾期不提供的，应当承担不利后果。

第38条　仲裁庭认为有必要收集的证据，可以自行收集。

第39条　仲裁庭对专门性问题认为需要鉴定的，可以交由当事人约定的鉴定机构鉴定；当事人没有约定的，由仲裁庭指定的鉴定机构鉴定。

根据当事人的请求或者仲裁庭的要求，鉴定机构应当派鉴定人参加开庭。当事人经仲裁庭许可，可以向鉴定人提问。

**第40条** 证据应当在开庭时出示，但涉及国家秘密、商业秘密和个人隐私的证据不得在公开开庭时出示。

仲裁庭应当依照仲裁规则的规定开庭，给予双方当事人平等陈述、辩论的机会，并组织当事人进行质证。

经仲裁庭查证属实的证据，应当作为认定事实的根据。

**第41条** 在证据可能灭失或者以后难以取得的情况下，当事人可以申请证据保全。当事人申请证据保全的，农村土地承包仲裁委员会应当将当事人的申请提交证据所在地的基层人民法院。

**第42条** 对权利义务关系明确的纠纷，经当事人申请，仲裁庭可以先行裁定维持现状、恢复农业生产以及停止取土、占地等行为。

一方当事人不履行先行裁定的，另一方当事人可以向人民法院申请执行，但应当提供相应的担保。

**第43条** 仲裁庭应当将开庭情况记入笔录，由仲裁员、记录人员、当事人和其他仲裁参与人签名、盖章或者按指印。

当事人和其他仲裁参与人认为对自己陈述的记录有遗漏或者差错的，有权申请补正。如果不予补正，应当记录该申请。

**第44条** 仲裁庭应当根据认定的事实和法律以及国家政策作出裁决并制作裁决书。

裁决应当按照多数仲裁员的意见作出，少数仲裁员的不同意见可以记入笔录。仲裁庭不能形成多数意见时，裁决应当按照首席仲裁员的意见作出。

**第45条** 裁决书应当写明仲裁请求、争议事实、裁决理由、裁决结果、裁决日期以及当事人不服仲裁裁决的起诉权利、期限，由仲裁员签名，加盖农村土地承包仲裁委员会印章。

农村土地承包仲裁委员会应当在裁决作出之日起三个工作日内将裁决书送达当事人，并告知当事人不服仲裁裁决的起诉权利、期限。

第46条　仲裁庭依法独立履行职责，不受行政机关、社会团体和个人的干涉。

第47条　仲裁农村土地承包经营纠纷，应当自受理仲裁申请之日起六十日内结束；案情复杂需要延长的，经农村土地承包仲裁委员会主任批准可以延长，并书面通知当事人，但延长期限不得超过三十日。

第48条　当事人不服仲裁裁决的，可以自收到裁决书之日起三十日内向人民法院起诉。逾期不起诉的，裁决书即发生法律效力。

第49条　当事人对发生法律效力的调解书、裁决书，应当依照规定的期限履行。一方当事人逾期不履行的，另一方当事人可以向被申请人住所地或者财产所在地的基层人民法院申请执行。受理申请的人民法院应当依法执行。

第四章　附　则

第50条　本法所称农村土地，是指农民集体所有和国家所有依法由农民集体使用的耕地、林地、草地，以及其他依法用于农业的土地。

第51条　农村土地承包经营纠纷仲裁规则和农村土地承包仲裁委员会示范章程，由国务院农业、林业行政主管部门依照本法规定共同制定。

第52条　农村土地承包经营纠纷仲裁不得向当事人收取费用，仲裁工作经费纳入财政预算予以保障。

第53条　本法自2010年1月1日起施行。

3. 《体育法》（2022 年 6 月 24 日）

**第 91 条**　国家建立体育仲裁制度，及时、公正解决体育纠纷，保护当事人的合法权益。

体育仲裁依法独立进行，不受行政机关、社会组织和个人的干涉。

**第 92 条**　当事人可以根据仲裁协议、体育组织章程、体育赛事规则等，对下列纠纷申请体育仲裁：

（一）对体育社会组织、运动员管理单位、体育赛事活动组织者按照兴奋剂管理或者其他管理规定作出的取消参赛资格、取消比赛成绩、禁赛等处理决定不服发生的纠纷；

（二）因运动员注册、交流发生的纠纷；

（三）在竞技体育活动中发生的其他纠纷。

《中华人民共和国仲裁法》规定的可仲裁纠纷和《中华人民共和国劳动争议调解仲裁法》规定的劳动争议，不属于体育仲裁范围。

**第 93 条**　国务院体育行政部门依照本法组织设立体育仲裁委员会，制定体育仲裁规则。

体育仲裁委员会由体育行政部门代表、体育社会组织代表、运动员代表、教练员代表、裁判员代表以及体育、法律专家组成，其组成人数应当是单数。

体育仲裁委员会应当设仲裁员名册。仲裁员具体条件由体育仲裁规则规定。

**第 94 条**　体育仲裁委员会裁决体育纠纷实行仲裁庭制。仲裁庭组成人数应当是单数，具体组成办法由体育仲裁规则规定。

**第 95 条**　鼓励体育组织建立内部纠纷解决机制，公平、公正、高效地解决纠纷。

体育组织没有内部纠纷解决机制或者内部纠纷解决机制未及时处理纠纷的，当事人可以申请体育仲裁。

第 96 条 对体育社会组织、运动员管理单位、体育赛事活动组织者的处理决定或者内部纠纷解决机制处理结果不服的，当事人自收到处理决定或者纠纷处理结果之日起二十一日内申请体育仲裁。

第 97 条 体育仲裁裁决书自作出之日起发生法律效力。

裁决作出后，当事人就同一纠纷再申请体育仲裁或者向人民法院起诉的，体育仲裁委员会或者人民法院不予受理。

第 98 条 有下列情形之一的，当事人可以自收到仲裁裁决书之日起三十日内向体育仲裁委员会所在地的中级人民法院申请撤销裁决：

（一）适用法律、法规确有错误的；

（二）裁决的事项不属于体育仲裁受理范围的；

（三）仲裁庭的组成或者仲裁的程序违反有关规定，足以影响公正裁决的；

（四）裁决所根据的证据是伪造的；

（五）对方当事人隐瞒了足以影响公正裁决的证据的；

（六）仲裁员在仲裁该案时有索贿受贿、徇私舞弊、枉法裁决行为的。

人民法院经组成合议庭审查核实裁决有前款规定情形之一的，或者认定裁决违背社会公共利益的，应当裁定撤销。

人民法院受理撤销裁决的申请后，认为可以由仲裁庭重新仲裁的，通知仲裁庭在一定期限内重新仲裁，并裁定中止撤销程序。仲裁庭拒绝重新仲裁的，人民法院应当裁定恢复撤销程序。

第 99 条 当事人应当履行体育仲裁裁决。一方当事人不履行的，另一方当事人可以依照《中华人民共和国民事诉讼法》的有关规定向人民法院申请执行。

第 100 条 需要即时处理的体育赛事活动纠纷，适用体育仲裁特别程序。

特别程序由体育仲裁规则规定。

● 司法解释及文件

**4. 《最高人民法院关于审理涉及农村土地承包经营纠纷调解仲裁案件适用法律若干问题的解释》**（2020 年 12 月 29 日）

为正确审理涉及农村土地承包经营纠纷调解仲裁案件，根据《中华人民共和国农村土地承包法》《中华人民共和国农村土地承包经营纠纷调解仲裁法》《中华人民共和国民事诉讼法》等法律的规定，结合民事审判实践，就审理涉及农村土地承包经营纠纷调解仲裁案件适用法律的若干问题，制定本解释。

第 1 条 农村土地承包仲裁委员会根据农村土地承包经营纠纷调解仲裁法第十八条规定，以超过申请仲裁的时效期间为由驳回申请后，当事人就同一纠纷提起诉讼的，人民法院应予受理。

第 2 条 当事人在收到农村土地承包仲裁委员会作出的裁决书之日起三十日后或者签收农村土地承包仲裁委员会作出的调解书后，就同一纠纷向人民法院提起诉讼的，裁定不予受理；已经受理的，裁定驳回起诉。

第 3 条 当事人在收到农村土地承包仲裁委员会作出的裁决书之日起三十日内，向人民法院提起诉讼，请求撤销仲裁裁决的，人民法院应当告知当事人就原纠纷提起诉讼。

第 4 条 农村土地承包仲裁委员会依法向人民法院提交当事人财产保全申请的，申请财产保全的当事人为申请人。

农村土地承包仲裁委员会应当提交下列材料：

（一）财产保全申请书；

（二）农村土地承包仲裁委员会发出的受理案件通知书；

（三）申请人的身份证明；

（四）申请保全财产的具体情况。

人民法院采取保全措施，可以责令申请人提供担保，申请人

161

不提供担保的，裁定驳回申请。

第5条　人民法院对农村土地承包仲裁委员会提交的财产保全申请材料，应当进行审查。符合前条规定的，应予受理；申请材料不齐全或不符合规定的，人民法院应当告知农村土地承包仲裁委员会需要补齐的内容。

人民法院决定受理的，应当于三日内向当事人送达受理通知书并告知农村土地承包仲裁委员会。

第6条　人民法院受理财产保全申请后，应当在十日内作出裁定。因特殊情况需要延长的，经本院院长批准，可以延长五日。

人民法院接受申请后，对情况紧急的，必须在四十八小时内作出裁定；裁定采取保全措施的，应当立即开始执行。

第7条　农村土地承包经营纠纷仲裁中采取的财产保全措施，在申请保全的当事人依法提起诉讼后，自动转为诉讼中的财产保全措施，并适用《最高人民法院关于适用〈中华人民共和国民事诉讼法〉的解释》第四百八十七条关于查封、扣押、冻结期限的规定。

第8条　农村土地承包仲裁委员会依法向人民法院提交当事人证据保全申请的，应当提供下列材料：

（一）证据保全申请书；

（二）农村土地承包仲裁委员会发出的受理案件通知书；

（三）申请人的身份证明；

（四）申请保全证据的具体情况。

对证据保全的具体程序事项，适用本解释第五、六、七条关于财产保全的规定。

第9条　农村土地承包仲裁委员会作出先行裁定后，一方当事人依法向被执行人住所地或者被执行的财产所在地基层人民法院申请执行的，人民法院应予受理和执行。

申请执行先行裁定的，应当提供以下材料：

（一）申请执行书；

（二）农村土地承包仲裁委员会作出的先行裁定书；

（三）申请执行人的身份证明；

（四）申请执行人提供的担保情况；

（五）其他应当提交的文件或证件。

第 10 条　当事人根据农村土地承包经营纠纷调解仲裁法第四十九条规定，向人民法院申请执行调解书、裁决书，符合《最高人民法院关于人民法院执行工作若干问题的规定（试行）》第十六条规定条件的，人民法院应予受理和执行。

第 11 条　当事人因不服农村土地承包仲裁委员会作出的仲裁裁决向人民法院提起诉讼的，起诉期从其收到裁决书的次日起计算。

第 12 条　本解释施行后，人民法院尚未审结的一审、二审案件适用本解释规定。本解释施行前已经作出生效裁判的案件，本解释施行后依法再审的，不适用本解释规定。

## 第九十四条　国际投资仲裁案件的办理

仲裁机构、仲裁庭可以依照有关国际投资条约、协定关于将投资争端提交仲裁的规定，按照争议双方约定的仲裁规则办理国际投资仲裁案件。

## 第九十五条　违反仲裁登记的处理

违反仲裁机构登记管理规定的，依照有关法律、行政法规的规定处理。

## 第九十六条　实施日期

本法自 2026 年 3 月 1 日起施行。

# 附录一

## 重新组建仲裁机构方案

(1995 年 7 月 28 日　国办发〔1995〕44 号)

**一、关于重新组建仲裁机构的原则**

(一) 全面、准确地把握《中华人民共和国仲裁法》(以下简称仲裁法) 精神,严格依照仲裁法组建。

(二) 体现全心全意为人民服务的宗旨,保证仲裁能够按照公正、及时的原则解决经济纠纷。

(三) 从实际情况出发,根据需要与可能进行组建。

(四) 统一认识,加强领导,调动各方面的积极因素,保证仲裁工作平稳过渡。

**二、关于仲裁委员会**

(一) 依法可以设立仲裁委员会的市只能组建一个统一的仲裁委员会,不得按照不同专业设立专业仲裁委员会或者专业仲裁庭。

(二) 新组建的仲裁委员会的名称应当规范,一律在仲裁委员会之前冠以仲裁委员会所在市的地名 (地名+仲裁委员会),如北京仲裁委员会、广州仲裁委员会、深圳仲裁委员会等。

(三) 仲裁委员会由主任 1 人、副主任 2 至 4 人和委员 7 至 11 人组成。其中,驻会专职组成人员 1 至 2 人,其他组成人员均为兼职。

仲裁委员会的组成人员由院校、科研机构、国家机关等方面的专家和有实际工作经验的人员担任。仲裁委员会的组成人员可以是仲裁员,也可以不是仲裁员。

第一届仲裁委员会的组成人员,由政府法制、经贸、体改、司法、工商、科技、建设等部门和贸促会、工商联等组织协商推荐,由市人民政府聘任。

（四）仲裁委员会设秘书长1人。秘书长可以由驻会专职组成人员兼任。

（五）仲裁委员会下设办事机构，负责办理仲裁案件受理、仲裁文书送达、档案管理、仲裁费用的收取与管理等事务。办事机构日常工作由仲裁委员会秘书长负责。

办事机构的设置和人员配备应当遵循精简、高效的原则。仲裁委员会设立初期，办事机构不宜配备过多的工作人员。以后随着仲裁工作量的增加，人员可以适当增加。

办事机构工作人员应当具备良好的思想品质、业务素质，择优聘用。

**三、关于仲裁员**

（一）仲裁委员会不设专职仲裁员。

（二）仲裁员由依法重新组建的仲裁委员会聘任。

仲裁委员会应当主要在本省、自治区、直辖市范围内符合仲裁法第十三条规定的人员中聘任仲裁员。

国家公务员及参照实行国家公务员制度的机关工作人员符合仲裁法第十三条规定的条件，并经所在单位同意，可以受聘为仲裁员，但是不得因从事仲裁工作影响本职工作。

仲裁委员会要按照不同专业设置仲裁员名册。

（三）仲裁员办理仲裁案件，由仲裁委员会依照仲裁规则的规定给付报酬。仲裁员没有办理仲裁案件的，不能取得报酬或者其他费用。

**四、关于仲裁委员会的编制、经费和用房**

仲裁委员会设立初期，其所在地的市人民政府应当参照有关事业单位的规定，解决仲裁委员会的人员编制、经费、用房等。仲裁委员会应当逐步做到自收自支。

**五、关于新组建的仲裁委员会与现有仲裁机构的衔接**

（一）聘任仲裁员、聘用办事机构工作人员，应当优先从现有仲裁机构符合条件的仲裁员、工作人员中考虑。

附录一

（二）当事人在现有仲裁机构依法终止之前达成仲裁协议，在现有仲裁机构依法终止之后又达成补充协议选定新的仲裁委员会的，可以依照仲裁法向重新选定的仲裁委员会申请仲裁；当事人达不成补充协议的，原仲裁协议无效。

# 仲裁委员会登记暂行办法

（1995 年 7 月 28 日　国办发〔1995〕44 号）

**第一条**　根据《中华人民共和国仲裁法》（以下简称仲裁法），制定本办法。

**第二条**　仲裁委员会的登记机关是省、自治区、直辖市的司法行政部门。

**第三条**　仲裁委员会可以在直辖市和省、自治区人民政府所在地的市设立，也可以根据需要在其他设区的市设立，不按行政区划层层设立。

设立仲裁委员会，应当向登记机关办理设立登记；未经设立登记的，仲裁裁决不具有法律效力。

办理设立登记，应当向登记机关提交下列文件：

（一）设立仲裁委员会申请书；

（二）组建仲裁委员会的市的人民政府设立仲裁委员会的文件；

（三）仲裁委员会章程；

（四）必要的经费证明；

（五）仲裁委员会住所证明；

（六）聘任的仲裁委员会组成人员的聘书副本；

（七）拟聘任的仲裁员名册。

**第四条**　登记机关应当在收到本办法第三条第三款规定的文件之日起 10 日内，对符合设立条件的仲裁委员会予以设立登记，并发给登记证书；对符合设立条件，但所提供的文件不符合本办法第三条第三款规定的，在要求补正后予以登记；对不符合本办法第三条第一款规定的，不予登记。

第五条　仲裁委员会变更住所、组成人员，应当在变更后的 10 日内向登记机关备案，并向登记机关提交与变更事项有关的文件。

第六条　仲裁委员会决议终止的，应当向登记机关办理注销登记。

仲裁委员会办理注销登记，应当向登记机关提交下列文件或者证书：

（一）注销登记申请书；

（二）组建仲裁委员会的市的人民政府同意注销该仲裁委员会的文件；

（三）有关机关确认的清算报告；

（四）仲裁委员会登记证书。

第七条　登记机关应当自收到本办法第六条第二款规定的文件、证书之日起 10 日内，对符合终止条件的仲裁委员会予以注销登记，收回仲裁委员会登记证书。

第八条　登记机关对仲裁委员会的设立登记、注销登记，自作出登记之日起生效，予以公告，并报国务院司法行政部门备案。

仲裁委员会登记证书，由国务院司法行政部门负责印制。

第九条　仲裁法施行前在直辖市和省、自治区人民政府所在地的市以及其他设区的市设立的仲裁机构，应当依照仲裁法和国务院的有关规定重新组建，并依照本办法申请设立登记；未重新组建的，自仲裁法施行之日起届满 1 年时终止。

仲裁法施行前设立的不符合仲裁法规定的其他仲裁机构，自仲裁法施行之日起终止。

第十条　本办法自 1995 年 9 月 1 日起施行。

附录一

# 最高人民法院关于适用
# 《中华人民共和国仲裁法》
# 若干问题的解释①

(2005 年 12 月 26 日最高人民法院审判委员会第 1375
次会议通过  2006 年 8 月 23 日最高人民法院公告公布  自
2006 年 9 月 8 日起施行  法释〔2006〕7 号)

根据《中华人民共和国仲裁法》和《中华人民共和国民事诉讼法》等法律规定,对人民法院审理涉及仲裁案件适用法律的若干问题作如下解释:

**第一条**  仲裁法第十六条规定的"其他书面形式"的仲裁协议,包括以合同书、信件和数据电文(包括电报、电传、传真、电子数据交换和电子邮件)等形式达成的请求仲裁的协议。

**第二条**  当事人概括约定仲裁事项为合同争议的,基于合同成立、效力、变更、转让、履行、违约责任、解释、解除等产生的纠纷都可以认定为仲裁事项。

**第三条**  仲裁协议约定的仲裁机构名称不准确,但能够确定具体的仲裁机构的,应当认定选定了仲裁机构。

**第四条**  仲裁协议仅约定纠纷适用的仲裁规则的,视为未约定仲裁机构,但当事人达成补充协议或者按照约定的仲裁规则能够确定仲裁机构的除外。

**第五条**  仲裁协议约定两个以上仲裁机构的,当事人可以协议

---

① 根据 2008 年 12 月 16 日发布的《最高人民法院关于调整司法解释等文件中引用〈中华人民共和国民事诉讼法〉条文序号的决定》(法释〔2008〕18 号),对本规定中涉及的《民事诉讼法》的条文序号作了改动。

选择其中的一个仲裁机构申请仲裁；当事人不能就仲裁机构选择达成一致的，仲裁协议无效。

**第六条** 仲裁协议约定由某地的仲裁机构仲裁且该地仅有一个仲裁机构的，该仲裁机构视为约定的仲裁机构。该地有两个以上仲裁机构的，当事人可以协议选择其中的一个仲裁机构申请仲裁；当事人不能就仲裁机构选择达成一致的，仲裁协议无效。

**第七条** 当事人约定争议可以向仲裁机构申请仲裁也可以向人民法院起诉的，仲裁协议无效。但一方向仲裁机构申请仲裁，另一方未在仲裁法第二十条第二款规定期间内提出异议的除外。

**第八条** 当事人订立仲裁协议后合并、分立的，仲裁协议对其权利义务的继受人有效。

当事人订立仲裁协议后死亡的，仲裁协议对承继其仲裁事项中的权利义务的继承人有效。

前两款规定情形，当事人订立仲裁协议时另有约定的除外。

**第九条** 债权债务全部或者部分转让的，仲裁协议对受让人有效，但当事人另有约定、在受让债权债务时受让人明确反对或者不知有单独仲裁协议的除外。

**第十条** 合同成立后未生效或者被撤销的，仲裁协议效力的认定适用仲裁法第十九条第一款的规定。

当事人在订立合同时就争议达成仲裁协议的，合同未成立不影响仲裁协议的效力。

**第十一条** 合同约定解决争议适用其他合同、文件中的有效仲裁条款的，发生合同争议时，当事人应当按照该仲裁条款提请仲裁。

涉外合同应当适用的有关国际条约中有仲裁规定的，发生合同争议时，当事人应当按照国际条约中的仲裁规定提请仲裁。

**第十二条** 当事人向人民法院申请确认仲裁协议效力的案件，由仲裁协议约定的仲裁机构所在地的中级人民法院管辖；仲裁协议约定的仲裁机构不明确的，由仲裁协议签订地或者被申请人住所地的中级人民法院管辖。

申请确认涉外仲裁协议效力的案件，由仲裁协议约定的仲裁机构所在地、仲裁协议签订地、申请人或者被申请人住所地的中级人民法院管辖。

涉及海事海商纠纷仲裁协议效力的案件，由仲裁协议约定的仲裁机构所在地、仲裁协议签订地、申请人或者被申请人住所地的海事法院管辖；上述地点没有海事法院的，由就近的海事法院管辖。

**第十三条** 依照仲裁法第二十条第二款的规定，当事人在仲裁庭首次开庭前没有对仲裁协议的效力提出异议，而后向人民法院申请确认仲裁协议无效的，人民法院不予受理。

仲裁机构对仲裁协议的效力作出决定后，当事人向人民法院申请确认仲裁协议效力或者申请撤销仲裁机构的决定的，人民法院不予受理。

**第十四条** 仲裁法第二十六条规定的"首次开庭"是指答辩期满后人民法院组织的第一次开庭审理，不包括审前程序中的各项活动。

**第十五条** 人民法院审理仲裁协议效力确认案件，应当组成合议庭进行审查，并询问当事人。

**第十六条** 对涉外仲裁协议的效力审查，适用当事人约定的法律；当事人没有约定适用的法律但约定了仲裁地的，适用仲裁地法律；没有约定适用的法律也没有约定仲裁地或者仲裁地约定不明的，适用法院地法律。

**第十七条** 当事人以不属于仲裁法第五十八条或者民事诉讼法第二百五十八条规定的事由申请撤销仲裁裁决的，人民法院不予支持。

**第十八条** 仲裁法第五十八条第一款第一项规定的"没有仲裁协议"是指当事人没有达成仲裁协议。仲裁协议被认定无效或者被撤销的，视为没有仲裁协议。

**第十九条** 当事人以仲裁裁决事项超出仲裁协议范围为由申请撤销仲裁裁决，经审查属实的，人民法院应当撤销仲裁裁决中的超裁部分。但超裁部分与其他裁决事项不可分的，人民法院应当撤销仲裁裁决。

**第二十条** 仲裁法第五十八条规定的"违反法定程序"，是指违反仲裁法规定的仲裁程序和当事人选择的仲裁规则可能影响案件正确裁决的情形。

**第二十一条** 当事人申请撤销国内仲裁裁决的案件属于下列情形之一的，人民法院可以依照仲裁法第六十一条的规定通知仲裁庭在一定期限内重新仲裁：

（一）仲裁裁决所根据的证据是伪造的；

（二）对方当事人隐瞒了足以影响公正裁决的证据的。

人民法院应当在通知中说明要求重新仲裁的具体理由。

**第二十二条** 仲裁庭在人民法院指定的期限内开始重新仲裁的，人民法院应当裁定终结撤销程序；未开始重新仲裁的，人民法院应当裁定恢复撤销程序。

**第二十三条** 当事人对重新仲裁裁决不服的，可以在重新仲裁裁决书送达之日起六个月内依据仲裁法第五十八条规定向人民法院申请撤销。

**第二十四条** 当事人申请撤销仲裁裁决的案件，人民法院应当组成合议庭审理，并询问当事人。

**第二十五条** 人民法院受理当事人撤销仲裁裁决的申请后，另一方当事人申请执行同一仲裁裁决的，受理执行申请的人民法院应当在受理后裁定中止执行。

**第二十六条** 当事人向人民法院申请撤销仲裁裁决被驳回后，又在执行程序中以相同理由提出不予执行抗辩的，人民法院不予支持。

**第二十七条** 当事人在仲裁程序中未对仲裁协议的效力提出异议，在仲裁裁决作出后以仲裁协议无效为由主张撤销仲裁裁决或者提出不予执行抗辩的，人民法院不予支持。

当事人在仲裁程序中对仲裁协议的效力提出异议，在仲裁裁决作出后又以此为由主张撤销仲裁裁决或者提出不予执行抗辩，经审查符合仲裁法第五十八条或者民事诉讼法第二百一十三条、第二百五十八条规定的，人民法院应予支持。

第二十八条　当事人请求不予执行仲裁调解书或者根据当事人之间的和解协议作出的仲裁裁决书的，人民法院不予支持。

第二十九条　当事人申请执行仲裁裁决案件，由被执行人住所地或者被执行的财产所在地的中级人民法院管辖。

第三十条　根据审理撤销、执行仲裁裁决案件的实际需要，人民法院可以要求仲裁机构作出说明或者向相关仲裁机构调阅仲裁案卷。

人民法院在办理涉及仲裁的案件过程中作出的裁定，可以送相关的仲裁机构。

第三十一条　本解释自公布之日起实施。

本院以前发布的司法解释与本解释不一致的，以本解释为准。

# 最高人民法院关于审理仲裁
# 司法审查案件若干问题的规定

（2017 年 12 月 4 日最高人民法院审判委员会 1728 次会议通过　2017 年 12 月 26 日最高人民法院公告公布　自 2018 年 1 月 1 日起施行　法释〔2017〕22 号）

为正确审理仲裁司法审查案件，依法保护各方当事人合法权益，根据《中华人民共和国民事诉讼法》《中华人民共和国仲裁法》等法律规定，结合审判实践，制定本规定。

第一条　本规定所称仲裁司法审查案件，包括下列案件：

（一）申请确认仲裁协议效力案件；

（二）申请执行我国内地仲裁机构的仲裁裁决案件；

（三）申请撤销我国内地仲裁机构的仲裁裁决案件；

（四）申请认可和执行香港特别行政区、澳门特别行政区、台湾地区仲裁裁决案件；

（五）申请承认和执行外国仲裁裁决案件；

（六）其他仲裁司法审查案件。

**第二条** 申请确认仲裁协议效力的案件，由仲裁协议约定的仲裁机构所在地、仲裁协议签订地、申请人住所地、被申请人住所地的中级人民法院或者专门人民法院管辖。

涉及海事海商纠纷仲裁协议效力的案件，由仲裁协议约定的仲裁机构所在地、仲裁协议签订地、申请人住所地、被申请人住所地的海事法院管辖；上述地点没有海事法院的，由就近的海事法院管辖。

**第三条** 外国仲裁裁决与人民法院审理的案件存在关联，被申请人住所地、被申请人财产所在地均不在我国内地，申请人申请承认外国仲裁裁决的，由受理关联案件的人民法院管辖。受理关联案件的人民法院为基层人民法院的，申请承认外国仲裁裁决的案件应当由该基层人民法院的上一级人民法院管辖。受理关联案件的人民法院是高级人民法院或者最高人民法院的，由上述法院决定自行审查或者指定中级人民法院审查。

外国仲裁裁决与我国内地仲裁机构审理的案件存在关联，被申请人住所地、被申请人财产所在地均不在我国内地，申请人申请承认外国仲裁裁决的，由受理关联案件的仲裁机构所在地的中级人民法院管辖。

**第四条** 申请人向两个以上有管辖权的人民法院提出申请的，由最先立案的人民法院管辖。

**第五条** 申请人向人民法院申请确认仲裁协议效力的，应当提交申请书及仲裁协议正本或者经证明无误的副本。

申请书应当载明下列事项：

（一）申请人或者被申请人为自然人的，应当载明其姓名、性别、出生日期、国籍及住所；为法人或者其他组织的，应当载明其名称、住所以及法定代表人或者代表人的姓名和职务；

附录一

173

（二）仲裁协议的内容；

（三）具体的请求和理由。

当事人提交的外文申请书、仲裁协议及其他文件，应当附有中文译本。

**第六条** 申请人向人民法院申请执行或者撤销我国内地仲裁机构的仲裁裁决、申请承认和执行外国仲裁裁决的，应当提交申请书及裁决书正本或者经证明无误的副本。

申请书应当载明下列事项：

（一）申请人或者被申请人为自然人的，应当载明其姓名、性别、出生日期、国籍及住所；为法人或者其他组织的，应当载明其名称、住所以及法定代表人或者代表人的姓名和职务；

（二）裁决书的主要内容及生效日期；

（三）具体的请求和理由。

当事人提交的外文申请书、裁决书及其他文件，应当附有中文译本。

**第七条** 申请人提交的文件不符合第五条、第六条的规定，经人民法院释明后提交的文件仍然不符合规定的，裁定不予受理。

申请人向对案件不具有管辖权的人民法院提出申请，人民法院应当告知其向有管辖权的人民法院提出申请，申请人仍不变更申请的，裁定不予受理。

申请人对不予受理的裁定不服的，可以提起上诉。

**第八条** 人民法院立案后发现不符合受理条件的，裁定驳回申请。

前款规定的裁定驳回申请的案件，申请人再次申请并符合受理条件的，人民法院应予受理。

当事人对驳回申请的裁定不服的，可以提起上诉。

**第九条** 对于申请人的申请，人民法院应当在七日内审查决定是否受理。

人民法院受理仲裁司法审查案件后，应当在五日内向申请人和被申请人发出通知书，告知其受理情况及相关的权利义务。

**第十条** 人民法院受理仲裁司法审查案件后，被申请人对管辖权有异议的，应当自收到人民法院通知之日起十五日内提出。人民法院对被申请人提出的异议，应当审查并作出裁定。当事人对裁定不服的，可以提起上诉。

在中华人民共和国领域内没有住所的被申请人对人民法院的管辖权有异议的，应当自收到人民法院通知之日起三十日内提出。

第十一条　人民法院审查仲裁司法审查案件，应当组成合议庭并询问当事人。

第十二条　仲裁协议或者仲裁裁决具有《最高人民法院关于适用〈中华人民共和国涉外民事关系法律适用法〉若干问题的解释（一）》第一条规定情形的，为涉外仲裁协议或者涉外仲裁裁决。

第十三条　当事人协议选择确认涉外仲裁协议效力适用的法律，应当作出明确的意思表示，仅约定合同适用的法律，不能作为确认合同中仲裁条款效力适用的法律。

第十四条　人民法院根据《中华人民共和国涉外民事关系法律适用法》第十八条的规定，确定确认涉外仲裁协议效力适用的法律时，当事人没有选择适用的法律，适用仲裁机构所在地的法律与适用仲裁地的法律将对仲裁协议的效力作出不同认定的，人民法院应当适用确认仲裁协议有效的法律。

第十五条　仲裁协议未约定仲裁机构和仲裁地，但根据仲裁协议约定适用的仲裁规则可以确定仲裁机构或者仲裁地的，应当认定其为《中华人民共和国涉外民事关系法律适用法》第十八条中规定的仲裁机构或者仲裁地。

第十六条　人民法院适用《承认及执行外国仲裁裁决公约》审查当事人申请承认和执行外国仲裁裁决案件时，被申请人以仲裁协议无效为由提出抗辩的，人民法院应当依照该公约第五条第一款（甲）项的规定，确定确认仲裁协议效力应当适用的法律。

第十七条　人民法院对申请执行我国内地仲裁机构作出的非涉外仲裁裁决案件的审查，适用《中华人民共和国民事诉讼法》第二百三十七条的规定。

人民法院对申请执行我国内地仲裁机构作出的涉外仲裁裁决案件的审查，适用《中华人民共和国民事诉讼法》第二百七十四条的规定。

**第十八条** 《中华人民共和国仲裁法》第五十八条第一款第六项和《中华人民共和国民事诉讼法》第二百三十七条第二款第六项规定的仲裁员在仲裁该案时有索贿受贿，徇私舞弊，枉法裁决行为，是指已经由生效刑事法律文书或者纪律处分决定所确认的行为。

**第十九条** 人民法院受理仲裁司法审查案件后，作出裁定前，申请人请求撤回申请的，裁定准许。

**第二十条** 人民法院在仲裁司法审查案件中作出的裁定，除不予受理、驳回申请、管辖权异议的裁定外，一经送达即发生法律效力。当事人申请复议、提出上诉或者申请再审的，人民法院不予受理，但法律和司法解释另有规定的除外。

**第二十一条** 人民法院受理的申请确认涉及香港特别行政区、澳门特别行政区、台湾地区仲裁协议效力的案件，申请执行或者撤销我国内地仲裁机构作出的涉及香港特别行政区、澳门特别行政区、台湾地区仲裁裁决的案件，参照适用涉外仲裁司法审查案件的规定审查。

**第二十二条** 本规定自 2018 年 1 月 1 日起施行，本院以前发布的司法解释与本规定不一致的，以本规定为准。

# 最高人民法院关于仲裁司法
# 审查案件报核问题的有关规定

（2017 年 11 月 20 日最高人民法院审判委员会第 1727
次会议通过　根据 2021 年 11 月 15 日最高人民法院审判委
员会第 1850 次会议通过的《最高人民法院关于修改〈最高
人民法院关于仲裁司法审查案件报核问题的有关规定〉的
决定》修正　2021 年 12 月 24 日最高人民法院公告公布
自 2022 年 1 月 1 日起施行　法释〔2021〕21 号）

为正确审理仲裁司法审查案件，统一裁判尺度，依法保护当事
人合法权益，保障仲裁发展，根据《中华人民共和国民事诉讼法》
《中华人民共和国仲裁法》等法律规定，结合审判实践，制定本规定。

**第一条**　本规定所称仲裁司法审查案件，包括下列案件：

（一）申请确认仲裁协议效力案件；

（二）申请撤销我国内地仲裁机构的仲裁裁决案件；

（三）申请执行我国内地仲裁机构的仲裁裁决案件；

（四）申请认可和执行香港特别行政区、澳门特别行政区、台湾
地区仲裁裁决案件；

（五）申请承认和执行外国仲裁裁决案件；

（六）其他仲裁司法审查案件。

**第二条**　各中级人民法院或者专门人民法院办理涉外涉港澳台
仲裁司法审查案件，经审查拟认定仲裁协议无效，不予执行或者撤
销我国内地仲裁机构的仲裁裁决，不予认可和执行香港特别行政区、
澳门特别行政区、台湾地区仲裁裁决，不予承认和执行外国仲裁裁
决，应当向本辖区所属高级人民法院报核；高级人民法院经审查拟
同意的，应当向最高人民法院报核。待最高人民法院审核后，方可

依最高人民法院的审核意见作出裁定。

各中级人民法院或者专门人民法院办理非涉外涉港澳台仲裁司法审查案件，经审查拟认定仲裁协议无效，不予执行或者撤销我国内地仲裁机构的仲裁裁决，应当向本辖区所属高级人民法院报核；待高级人民法院审核后，方可依高级人民法院的审核意见作出裁定。

**第三条** 本规定第二条第二款规定的非涉外涉港澳台仲裁司法审查案件，高级人民法院经审查，拟同意中级人民法院或者专门人民法院以违背社会公共利益为由不予执行或者撤销我国内地仲裁机构的仲裁裁决的，应当向最高人民法院报核，待最高人民法院审核后，方可依最高人民法院的审核意见作出裁定。

**第四条** 依据本规定第二条第二款由高级人民法院审核的案件，高级人民法院应当在作出审核意见之日起十五日内向最高人民法院报备。

**第五条** 下级人民法院报请上级人民法院审核的案件，应当将书面报告和案件卷宗材料一并上报。书面报告应当写明审查意见及具体理由。

**第六条** 上级人民法院收到下级人民法院的报核申请后，认为案件相关事实不清的，可以询问当事人或者退回下级人民法院补充查明事实后再报。

**第七条** 上级人民法院应当以复函的形式将审核意见答复下级人民法院。

**第八条** 在民事诉讼案件中，对于人民法院因涉及仲裁协议效力而作出的不予受理、驳回起诉、管辖权异议的裁定，当事人不服提起上诉，第二审人民法院经审查拟认定仲裁协议不成立、无效、失效、内容不明确无法执行的，须按照本规定第二条的规定逐级报核，待上级人民法院审核后，方可依上级人民法院的审核意见作出裁定。

**第九条** 本规定自 2018 年 1 月 1 日起施行，本院以前发布的司法解释与本规定不一致的，以本规定为准。

# 最高人民法院关于内地与
# 香港特别行政区相互执行
# 仲裁裁决的补充安排

（2020 年 11 月 9 日最高人民法院审判委员会第 1815 次
会议通过　2020 年 11 月 26 日最高人民法院公告公布　本
司法解释第一条、第四条自 2020 年 11 月 27 日起施行　第
二条、第三条自 2021 年 5 月 19 日起施行　法释〔2020〕
13 号）

依据《最高人民法院关于内地与香港特别行政区相互执行仲裁
裁决的安排》（以下简称《安排》）第十一条的规定，最高人民法
院与香港特别行政区政府经协商，作出如下补充安排：

一、《安排》所指执行内地或者香港特别行政区仲裁裁决的程
序，应解释为包括认可和执行内地或者香港特别行政区仲裁裁决的
程序。

二、将《安排》序言及第一条修改为："根据《中华人民共和
国香港特别行政区基本法》第九十五条的规定，经最高人民法院与
香港特别行政区（以下简称香港特区）政府协商，现就仲裁裁决的
相互执行问题作出如下安排：

"一、内地人民法院执行按香港特区《仲裁条例》作出的仲裁裁
决，香港特区法院执行按《中华人民共和国仲裁法》作出的仲裁裁
决，适用本安排。"

三、将《安排》第二条第三款修改为："被申请人在内地和香港
特区均有住所地或者可供执行财产的，申请人可以分别向两地法院
申请执行。应对方法院要求，两地法院应当相互提供本方执行仲裁
裁决的情况。两地法院执行财产的总额，不得超过裁决确定的

数额。"

四、在《安排》第六条中增加一款作为第二款："有关法院在受理执行仲裁裁决申请之前或者之后，可以依申请并按照执行地法律规定采取保全或者强制措施。"

五、本补充安排第一条、第四条自 2020 年 11 月 27 日起施行，第二条、第三条在香港特别行政区完成有关程序后，由最高人民法院公布施行日期。

# 最高人民法院关于内地与澳门特别行政区相互认可和执行仲裁裁决的安排

(2007 年 9 月 17 日最高人民法院审判委员会第 1437 次会议通过　2007 年 12 月 12 日最高人民法院公告公布　自 2008 年 1 月 1 日起施行　法释〔2007〕17 号)

根据《中华人民共和国澳门特别行政区基本法》第九十三条的规定，经最高人民法院与澳门特别行政区协商，现就内地与澳门特别行政区相互认可和执行仲裁裁决的有关事宜达成如下安排：

**第一条**　内地人民法院认可和执行澳门特别行政区仲裁机构及仲裁员按照澳门特别行政区仲裁法规在澳门作出的民商事仲裁裁决，澳门特别行政区法院认可和执行内地仲裁机构依据《中华人民共和国仲裁法》在内地作出的民商事仲裁裁决，适用本安排。

本安排没有规定的，适用认可和执行地的程序法律规定。

**第二条**　在内地或者澳门特别行政区作出的仲裁裁决，一方当事人不履行的，另一方当事人可以向被申请人住所地、经常居住地或者财产所在地的有关法院申请认可和执行。

内地有权受理认可和执行仲裁裁决申请的法院为中级人民法院。

两个或者两个以上中级人民法院均有管辖权的，当事人应当选择向其中一个中级人民法院提出申请。

澳门特别行政区有权受理认可仲裁裁决申请的法院为中级法院，有权执行的法院为初级法院。

**第三条** 被申请人的住所地、经常居住地或者财产所在地分别在内地和澳门特别行政区的，申请人可以向一地法院提出认可和执行申请，也可以分别向两地法院提出申请。

当事人分别向两地法院提出申请的，两地法院都应当依法进行审查。予以认可的，采取查封、扣押或者冻结被执行人财产等执行措施。仲裁地法院应当先进行执行清偿；另一地法院在收到仲裁地法院关于经执行债权未获清偿情况的证明后，可以对申请人未获清偿的部分进行执行清偿。两地法院执行财产的总额，不得超过依据裁决和法律规定所确定的数额。

**第四条** 申请人向有关法院申请认可和执行仲裁裁决的，应当提交以下文件或者经公证的副本：

（一）申请书；

（二）申请人身份证明；

（三）仲裁协议；

（四）仲裁裁决书或者仲裁调解书。

上述文件没有中文文本的，申请人应当提交经正式证明的中文译本。

**第五条** 申请书应当包括下列内容：

（一）申请人或者被申请人为自然人的，应当载明其姓名及住所；为法人或者其他组织的，应当载明其名称及住所，以及其法定代表人或者主要负责人的姓名、职务和住所；申请人是外国籍法人或者其他组织的，应当提交相应的公证和认证材料；

（二）请求认可和执行的仲裁裁决书或者仲裁调解书的案号或识别资料和生效日期；

（三）申请认可和执行仲裁裁决的理由及具体请求，以及被申请人财产所在地、财产状况及该仲裁裁决的执行情况。

**第六条** 申请人向有关法院申请认可和执行内地或者澳门特别行政区仲裁裁决的期限，依据认可和执行地的法律确定。

**第七条** 对申请认可和执行的仲裁裁决，被申请人提出证据证明有下列情形之一的，经审查核实，有关法院可以裁定不予认可：

（一）仲裁协议一方当事人依对其适用的法律在订立仲裁协议时属于无行为能力的；或者依当事人约定的准据法，或当事人没有约定适用的准据法而依仲裁地法律，该仲裁协议无效的；

（二）被申请人未接到选任仲裁员或者进行仲裁程序的适当通知，或者因他故未能陈述意见的；

（三）裁决所处理的争议不是提交仲裁的争议，或者不在仲裁协议范围之内；或者裁决载有超出当事人提交仲裁范围的事项的决定，但裁决中超出提交仲裁范围的事项的决定与提交仲裁事项的决定可以分开的，裁决中关于提交仲裁事项的决定部分可以予以认可；

（四）仲裁庭的组成或者仲裁程序违反了当事人的约定，或者在当事人没有约定时与仲裁地的法律不符的；

（五）裁决对当事人尚无约束力，或者业经仲裁地的法院撤销或者拒绝执行的。

有关法院认定，依执行地法律，争议事项不能以仲裁解决的，不予认可和执行该裁决。

内地法院认定在内地认可和执行该仲裁裁决违反内地法律的基本原则或者社会公共利益，澳门特别行政区法院认定在澳门特别行政区认可和执行该仲裁裁决违反澳门特别行政区法律的基本原则或者公共秩序，不予认可和执行该裁决。

**第八条** 申请人依据本安排申请认可和执行仲裁裁决的，应当根据执行地法律的规定，交纳诉讼费用。

**第九条** 一方当事人向一地法院申请执行仲裁裁决，另一方当事人向另一地法院申请撤销该仲裁裁决，被执行人申请中止执行且提供充分担保的，执行法院应当中止执行。

根据经认可的撤销仲裁裁决的判决、裁定，执行法院应当终结执行程序；撤销仲裁裁决申请被驳回的，执行法院应当恢复执行。

当事人申请中止执行的，应当向执行法院提供其他法院已经受理申请撤销仲裁裁决案件的法律文书。

**第十条** 受理申请的法院应当尽快审查认可和执行的请求，并作出裁定。

**第十一条** 法院在受理认可和执行仲裁裁决申请之前或者之后，可以依当事人的申请，按照法院地法律规定，对被申请人的财产采取保全措施。

**第十二条** 由一方有权限公共机构（包括公证员）作成的文书正本或者经公证的文书副本及译本，在适用本安排时，可以免除认证手续在对方使用。

**第十三条** 本安排实施前，当事人提出的认可和执行仲裁裁决的请求，不适用本安排。

自 1999 年 12 月 20 日至本安排实施前，澳门特别行政区仲裁机构及仲裁员作出的仲裁裁决，当事人向内地申请认可和执行的期限，自本安排实施之日起算。

**第十四条** 为执行本安排，最高人民法院和澳门特别行政区终审法院应当相互提供相关法律资料。

最高人民法院和澳门特别行政区终审法院每年相互通报执行本安排的情况。

**第十五条** 本安排在执行过程中遇有问题或者需要修改的，由最高人民法院和澳门特别行政区协商解决。

**第十六条** 本安排自 2008 年 1 月 1 日起实施。

# 最高人民法院关于认可和
# 执行台湾地区仲裁裁决的规定

（2015 年 6 月 2 日最高人民法院审判委员会第 1653 次
会议通过　2015 年 6 月 29 日最高人民法院公告公布　自
2015 年 7 月 1 日起施行　法释〔2015〕14 号）

为保障海峡两岸当事人的合法权益，更好地适应海峡两岸关系
和平发展的新形势，根据民事诉讼法、仲裁法等有关法律，总结人
民法院涉台审判工作经验，就认可和执行台湾地区仲裁裁决，制定
本规定。

**第一条**　台湾地区仲裁裁决的当事人可以根据本规定，作为申
请人向人民法院申请认可和执行台湾地区仲裁裁决。

**第二条**　本规定所称台湾地区仲裁裁决是指，有关常设仲裁机
构及临时仲裁庭在台湾地区按照台湾地区仲裁规定就有关民商事争
议作出的仲裁裁决，包括仲裁判断、仲裁和解和仲裁调解。

**第三条**　申请人同时提出认可和执行台湾地区仲裁裁决申请的，
人民法院先按照认可程序进行审查，裁定认可后，由人民法院执行机
构执行。

申请人直接申请执行的，人民法院应当告知其一并提交认可申
请；坚持不申请认可的，裁定驳回其申请。

**第四条**　申请认可台湾地区仲裁裁决的案件，由申请人住所地、
经常居住地或者被申请人住所地、经常居住地、财产所在地中级人
民法院或者专门人民法院受理。

申请人向两个以上有管辖权的人民法院申请认可的，由最先立
案的人民法院管辖。

申请人向被申请人财产所在地人民法院申请认可的，应当提供

财产存在的相关证据。

**第五条** 对申请认可台湾地区仲裁裁决的案件，人民法院应当组成合议庭进行审查。

**第六条** 申请人委托他人代理申请认可台湾地区仲裁裁决的，应当向人民法院提交由委托人签名或者盖章的授权委托书。

台湾地区、香港特别行政区、澳门特别行政区或者外国当事人签名或者盖章的授权委托书应当履行相关的公证、认证或者其他证明手续，但授权委托书在人民法院法官的见证下签署或者经中国大陆公证机关公证证明是在中国大陆签署的除外。

**第七条** 申请人申请认可台湾地区仲裁裁决，应当提交以下文件或者经证明无误的副本：

（一）申请书；

（二）仲裁协议；

（三）仲裁判断书、仲裁和解书或者仲裁调解书。

申请书应当记明以下事项：

（一）申请人和被申请人姓名、性别、年龄、职业、身份证件号码、住址（申请人或者被申请人为法人或者其他组织的，应当记明法人或者其他组织的名称、地址、法定代表人或者主要负责人姓名、职务）和通讯方式；

（二）申请认可的仲裁判断书、仲裁和解书或者仲裁调解书的案号或者识别资料和生效日期；

（三）请求和理由；

（四）被申请人财产所在地、财产状况及申请认可的仲裁裁决的执行情况；

（五）其他需要说明的情况。

**第八条** 对于符合本规定第四条和第七条规定条件的申请，人民法院应当在收到申请后七日内立案，并通知申请人和被申请人，同时将申请书送达被申请人；不符合本规定第四条和第七条规定条件的，应当在七日内裁定不予受理，同时说明不予受理的理由；申

附录一

请人对裁定不服的，可以提起上诉。

**第九条** 申请人申请认可台湾地区仲裁裁决，应当提供相关证明文件，以证明该仲裁裁决的真实性。

申请人可以申请人民法院通过海峡两岸调查取证司法互助途径查明台湾地区仲裁裁决的真实性；人民法院认为必要时，也可以就有关事项依职权通过海峡两岸司法互助途径向台湾地区请求调查取证。

**第十条** 人民法院受理认可台湾地区仲裁裁决的申请之前或者之后，可以按照民事诉讼法及相关司法解释的规定，根据申请人的申请，裁定采取保全措施。

**第十一条** 人民法院受理认可台湾地区仲裁裁决的申请后，当事人就同一争议起诉的，不予受理。

当事人未申请认可，而是就同一争议向人民法院起诉的，亦不予受理，但仲裁协议无效的除外。

**第十二条** 人民法院受理认可台湾地区仲裁裁决的申请后，作出裁定前，申请人请求撤回申请的，可以裁定准许。

**第十三条** 人民法院应当尽快审查认可台湾地区仲裁裁决的申请，决定予以认可的，应当在立案之日起两个月内作出裁定；决定不予认可或者驳回申请的，应当在作出决定前按有关规定自立案之日起两个月内上报最高人民法院。

通过海峡两岸司法互助途径送达文书和调查取证的期间，不计入审查期限。

**第十四条** 对申请认可和执行的仲裁裁决，被申请人提出证据证明有下列情形之一的，经审查核实，人民法院裁定不予认可：

（一）仲裁协议一方当事人依对其适用的法律在订立仲裁协议时属于无行为能力的；或者依当事人约定的准据法，或当事人没有约定适用的准据法而依台湾地区仲裁规定，该仲裁协议无效的；或者当事人之间没有达成书面仲裁协议的，但申请认可台湾地区仲裁调解的除外；

（二）被申请人未接到选任仲裁员或进行仲裁程序的适当通知，或者由于其他不可归责于被申请人的原因而未能陈述意见的；

（三）裁决所处理的争议不是提交仲裁的争议，或者不在仲裁协议范围之内；或者裁决载有超出当事人提交仲裁范围的事项的决定，但裁决中超出提交仲裁范围的事项的决定与提交仲裁事项的决定可以分开的，裁决中关于提交仲裁事项的决定部分可以予以认可；

（四）仲裁庭的组成或者仲裁程序违反当事人的约定，或者在当事人没有约定时与台湾地区仲裁规定不符的；

（五）裁决对当事人尚无约束力，或者业经台湾地区法院撤销或者驳回执行申请的。

依据国家法律，该争议事项不能以仲裁解决的，或者认可该仲裁裁决将违反一个中国原则等国家法律的基本原则或损害社会公共利益的，人民法院应当裁定不予认可。

**第十五条** 人民法院经审查能够确认台湾地区仲裁裁决真实，而且不具有本规定第十四条所列情形的，裁定认可其效力；不能确认该仲裁裁决真实性的，裁定驳回申请。

裁定驳回申请的案件，申请人再次申请并符合受理条件的，人民法院应予受理。

**第十六条** 人民法院依据本规定第十四条和第十五条作出的裁定，一经送达即发生法律效力。

**第十七条** 一方当事人向人民法院申请认可或者执行台湾地区仲裁裁决，另一方当事人向台湾地区法院起诉撤销该仲裁裁决，被申请人申请中止认可或者执行并且提供充分担保的，人民法院应当中止认可或者执行程序。

申请中止认可或者执行的，应当向人民法院提供台湾地区法院已经受理撤销仲裁裁决案件的法律文书。

台湾地区法院撤销该仲裁裁决的，人民法院应当裁定不予认可或者裁定终结执行；台湾地区法院驳回撤销仲裁裁决请求的，人民法院应当恢复认可或者执行程序。

附录一

第十八条　对人民法院裁定不予认可的台湾地区仲裁裁决，申请人再次提出申请的，人民法院不予受理。但当事人可以根据双方重新达成的仲裁协议申请仲裁，也可以就同一争议向人民法院起诉。

第十九条　申请人申请认可和执行台湾地区仲裁裁决的期间，适用民事诉讼法第二百三十九条的规定。

申请人仅申请认可而未同时申请执行的，申请执行的期间自人民法院对认可申请作出的裁定生效之日起重新计算。

第二十条　人民法院在办理申请认可和执行台湾地区仲裁裁决案件中所作出的法律文书，应当依法送达案件当事人。

第二十一条　申请认可和执行台湾地区仲裁裁决，应当参照《诉讼费用交纳办法》的规定，交纳相关费用。

第二十二条　本规定自 2015 年 7 月 1 日起施行。

本规定施行前，根据《最高人民法院关于人民法院认可台湾地区有关法院民事判决的规定》（法释〔1998〕11 号），人民法院已经受理但尚未审结的申请认可和执行台湾地区仲裁裁决的案件，适用本规定。


# 中国国际经济贸易仲裁委员会仲裁规则（2024版）

（2023 年 9 月 2 日经中国国际贸易促进委员会/中国国际商会修订并通过　自 2024 年 1 月 1 日起施行）

## 第一章　总　　则

### 第一条　仲裁委员会

（一）中国国际经济贸易仲裁委员会（以下简称"仲裁委员会"），原名中国国际贸易促进委员会对外贸易仲裁委员会、中国国际贸易促进委员会对外经济贸易仲裁委员会，同时使用"中国国际商会仲裁院"名称。

（二）当事人在仲裁协议中订明由中国国际贸易促进委员会/中国国际商会仲裁，或由中国国际贸易促进委员会/中国国际商会的仲裁委员会或仲裁院仲裁的，或使用仲裁委员会原名称为仲裁机构的，均视为同意由中国国际经济贸易仲裁委员会仲裁。

**第二条　机构及职责**

（一）仲裁委员会主任履行本规则赋予的职责。副主任根据主任的授权可以履行主任的职责。

（二）仲裁委员会设有仲裁院，在授权的副主任和仲裁院院长的领导下履行本规则规定的职责。

（三）仲裁委员会设在北京。仲裁委员会设有分会或仲裁中心（本规则附件一）。仲裁委员会的分会/仲裁中心是仲裁委员会的派出机构，根据仲裁委员会的授权，接受仲裁申请，管理仲裁案件。

（四）分会/仲裁中心设仲裁院，在分会/仲裁中心仲裁院院长的领导下履行本规则规定由仲裁委员会仲裁院履行的职责。

（五）案件由分会/仲裁中心管理的，本规则规定由仲裁委员会仲裁院院长履行的职责，由仲裁委员会仲裁院院长授权的分会/仲裁中心仲裁院院长履行。

（六）当事人可以约定将争议提交仲裁委员会或仲裁委员会分会/仲裁中心进行仲裁；约定由仲裁委员会进行仲裁的，由仲裁委员会仲裁院接受仲裁申请并管理案件；约定由分会/仲裁中心仲裁或约定开庭地、仲裁地在分会/仲裁中心所在省、自治区、直辖市辖域内的，由该分会/仲裁中心仲裁院接受仲裁申请并管理案件，当事人另有约定的除外。仲裁委员会仲裁院可根据案件具体情形授权并指定分会/仲裁中心管理相关案件。

约定的分会/仲裁中心不存在、被终止授权或约定不明的，由仲裁委员会仲裁院接受仲裁申请并管理案件。如有争议，由仲裁委员会作出决定。

（七）仲裁委员会可以根据当事人约定和请求为临时仲裁提供管

理和辅助服务，包括并不限于提供适用仲裁规则的咨询指引性服务、指定仲裁员/决定仲裁员回避事宜、提供庭审服务、核阅裁决草稿、代为管理仲裁员报酬等仲裁服务，但当事人约定无法实施或与仲裁程序适用法强制性规定相抵触者除外。

**第三条　受案范围**

（一）仲裁委员会根据当事人的约定受理契约性或非契约性的经济贸易等争议案件。

（二）前款所述案件包括：

1. 国际或涉外争议案件；

2. 涉及香港特别行政区、澳门特别行政区及台湾地区的争议案件；

3. 国内争议案件。

**第四条　规则的适用**

（一）本规则统一适用于仲裁委员会及其分会/仲裁中心。

（二）当事人约定将争议提交仲裁委员会仲裁的，视为同意按照本规则进行仲裁。

（三）当事人约定将争议提交仲裁委员会仲裁但对本规则有关内容进行变更或约定适用其他仲裁规则的，从其约定，但其约定无法实施或与仲裁程序适用法强制性规定相抵触者除外。当事人约定适用其他仲裁规则的，由仲裁委员会履行相应的管理职责。

（四）当事人约定按照本规则进行仲裁但未约定仲裁机构的，视为同意将争议提交仲裁委员会仲裁。

（五）当事人约定适用仲裁委员会专业仲裁规则的，从其约定，但其争议不属于该专业仲裁规则适用范围的，适用本规则。

**第五条　仲裁协议**

（一）仲裁协议指当事人在合同中订明的仲裁条款或以其他方式达成的提交仲裁的书面协议。

（二）仲裁协议应当采取书面形式。书面形式包括合同书、信件、电报、电传、传真、电子数据交换和电子邮件等可以有形地表现所载内容的形式。在仲裁申请书和仲裁答辩书的交换中，一方当事人声称有仲裁协议而另一方当事人不作否认表示的，视为存在书面仲裁协议。

（三）仲裁协议的适用法对仲裁协议的形式及效力另有规定的，从其规定。

（四）合同中的仲裁条款应视为与合同其他条款分离的、独立存在的条款，附属于合同的仲裁协议也应视为与合同其他条款分离的、独立存在的一个部分；合同的变更、解除、终止、转让、失效、无效、未生效、被撤销以及成立与否，均不影响仲裁条款或仲裁协议的效力。

**第六条 对仲裁协议及/或管辖权的异议**

（一）仲裁委员会有权对仲裁协议的存在、效力以及仲裁案件的管辖权作出决定。仲裁庭组成后，仲裁委员会授权仲裁庭作出管辖权决定。

（二）仲裁委员会依表面证据认为存在有效仲裁协议并作出仲裁委员会有管辖权决定的，仲裁程序继续进行。仲裁委员会依表面证据作出的管辖权决定并不妨碍仲裁庭根据在审理过程中发现的与表面证据不一致的事实及/或证据重新作出管辖权决定。

（三）仲裁庭作出管辖权决定时，可以在仲裁程序进行中单独作出，也可以在裁决书中一并作出。

（四）当事人对仲裁协议及/或仲裁案件管辖权的异议，应当在仲裁庭首次开庭前书面提出；书面审理的案件，应当在第一次实体答辩前提出。仲裁程序适用法另有规定的，从其规定。

（五）对仲裁协议及/或仲裁案件管辖权提出异议不影响仲裁程序的继续进行。

（六）上述管辖权异议及/或决定包括仲裁案件主体资格异议及/或决定。

（七）仲裁委员会或仲裁庭作出无管辖权决定的，应当作出撤销案件的决定。撤案决定在仲裁庭组成前由仲裁委员会仲裁院院长作出，在仲裁庭组成后，由仲裁庭作出。

**第七条　仲裁地**

（一）当事人对仲裁地有约定的，从其约定。

（二）当事人对仲裁地未作约定或约定不明的，以管理案件的仲裁委员会或其分会/仲裁中心所在地为仲裁地；仲裁委员会也可视案件的具体情形确定其他地点为仲裁地。

（三）仲裁裁决视为在仲裁地作出。

**第八条　送达及期限**

（一）有关仲裁的一切文书、通知、材料（以下简称"仲裁文件"）等均可采用当面递交、挂号信、特快专递、传真、电子方式及其他任何能提供投递记录的通讯手段，或仲裁委员会仲裁院或仲裁庭认为适当的其他方式发送。电子方式送达包括向当事人约定/指定的电子邮箱、其他电子通讯地址，以及经由仲裁委员会信息化存储系统、各方可无障碍存取的信息系统等以电子形式送达仲裁文件。

（二）仲裁文件可优先采用电子方式送达。

（三）仲裁文件应发送当事人或其仲裁代理人自行提供的或当事人约定的地址，当事人或其仲裁代理人没有提供地址或当事人对地址没有约定的，按照对方当事人或其仲裁代理人提供的地址发送。

（四）向一方当事人或其仲裁代理人发送的仲裁文件，如经当面递交收件人或发送至收件人的营业地、注册地、住所地、惯常居住地或通讯地址，或经对方当事人合理查询不能找到上述任一地点，仲裁委员会仲裁院以挂号信或特快专递或能提供投递记录的包括公证送达、委托送达和留置送达在内的其他任何手段投递给收件人最后一个为人所知的营业地、注册地、住所地、惯常居住地或通讯地址，即视为有效送达。

（五）本规则所规定的期限，应自当事人收到或应当收到仲裁委员会仲裁院向其发送的仲裁文件之日的次日起计算。

**第九条　诚实信用**

仲裁参与人应遵循诚实信用原则，进行仲裁程序。

#### 第十条　放弃异议

一方当事人知道或理应知道本规则或仲裁协议中规定的任何条款或情事未被遵守，仍参加仲裁程序或继续进行仲裁程序或经有效通知无正当理由缺席审理，而且不对此不遵守情况及时地、明示地提出书面异议的，视为放弃其提出异议的权利。

# 第二章　仲裁程序

## 第一节　仲裁申请、答辩、反请求

#### 第十一条　仲裁程序的开始

仲裁程序自仲裁委员会仲裁院收到仲裁申请书之日起开始。申请人向仲裁委员会书面提交仲裁申请及/或通过仲裁委员会网上立案系统申请仲裁的，仲裁程序开始于最先收到的日期。

#### 第十二条　申请仲裁

（一）当事人依据本规则申请仲裁时应：

1. 提交由申请人或申请人授权的代理人签名及/或盖章的仲裁申请书。仲裁申请书应写明：

（1）申请人和被申请人的名称和住所，包括邮政编码、电话、传真、电子邮箱或其他电子通讯方式；

（2）申请仲裁所依据的仲裁协议；

（3）案情和争议要点；

（4）申请人的仲裁请求；

（5）仲裁请求所依据的事实和理由。

2. 在提交仲裁申请书时，附具申请人请求所依据的证据材料以及其他证明文件。

3. 按照仲裁委员会制定的仲裁费用表的规定预缴仲裁费。

（二）仲裁协议约定仲裁前应进行协商、调解程序的，可协商、调解后提交仲裁申请，但未协商、未调解，不影响申请人提起仲裁申请及仲裁委员会仲裁院受理仲裁案件，除非所适用的法律或仲裁协议对此明确作出了相反规定。

**第十三条　案件的受理**

（一）仲裁委员会根据当事人在争议发生之前或在争议发生之后达成的将争议提交仲裁委员会仲裁的仲裁协议和一方当事人的书面申请，受理案件。

（二）仲裁委员会仲裁院收到申请人的仲裁申请书及其附件后，经审查，认为申请仲裁的手续完备的，应将仲裁通知、仲裁委员会仲裁规则和仲裁员名册各一份发送给双方当事人；申请人的仲裁申请书及其附件也应同时发送给被申请人。

（三）仲裁委员会仲裁院经审查认为申请仲裁的手续不完备的，可以要求申请人在一定的期限内予以完备。申请人未能在规定期限内完备申请仲裁手续的，视同申请人未提出仲裁申请；申请人的仲裁申请书及其附件，仲裁委员会仲裁院不予留存。

（四）仲裁委员会受理案件后，仲裁委员会仲裁院应指定一名案件秘书协助仲裁案件的程序管理。

**第十四条　多合同仲裁及仲裁中追加合同**

（一）申请人就多个合同项下的争议可在单个仲裁案件中合并提出仲裁申请，但应同时符合下列条件：

1. 多个合同系主从合同关系，或多个合同所涉当事人相同且法律关系性质相同，或多个合同所涉标的具有牵连关系；

2. 多个合同所涉争议源于同一交易或同一系列交易；

3. 多个合同中的仲裁协议内容相同或相容。

（二）同时符合上述第（一）款1、2、3项规定情形的，申请人可在仲裁程序中申请追加合同，但上述申请过迟影响仲裁程序正常进行的，可决定不予追加合同。

（三）上述第（一）（二）款程序事项，由仲裁委员会仲裁院决定。在仲裁庭组成后提出追加合同申请的，由仲裁庭决定。

**第十五条　答辩**

（一）被申请人应自收到仲裁通知后45天内提交答辩书。被申请人确有正当理由请求延长提交答辩期限的，由仲裁庭决定是否延长答辩期限；仲裁庭尚未组成的，由仲裁委员会仲裁院作出决定。

（二）答辩书由被申请人或被申请人授权的代理人签名及/或盖章，并应包括下列内容及附件：

1. 被申请人的名称和住所，包括邮政编码、电话、传真、电子邮箱或其他电子通讯方式；

2. 对仲裁申请书的答辩及所依据的事实和理由；

3. 答辩所依据的证据材料以及其他证明文件。

（三）仲裁庭有权决定是否接受逾期提交的答辩书。

（四）被申请人未提交答辩书，不影响仲裁程序的进行。

**第十六条　反请求**

（一）被申请人如有反请求，应自收到仲裁通知后45天内以书面形式提交。被申请人确有正当理由请求延长提交反请求期限的，由仲裁庭决定是否延长反请求期限；仲裁庭尚未组成的，由仲裁委员会仲裁院作出决定。

（二）被申请人提出反请求时，应在其反请求申请书中写明具体的反请求事项及其所依据的事实和理由，并附具有关的证据材料以及其他证明文件。

（三）被申请人提出反请求，应按照仲裁委员会制定的仲裁费用表在规定的时间内预缴仲裁费。被申请人未按期缴纳反请求仲裁费的，视同未提出反请求申请。

（四）仲裁委员会仲裁院认为被申请人提出反请求的手续已完备的，应向双方当事人发出反请求受理通知。申请人应在收到反请求受理通知后30天内针对被申请人的反请求提交答辩。申请人确有正当理由请求延长提交答辩期限的，由仲裁庭决定是否延长答辩期限；仲裁庭尚未组成的，由仲裁委员会仲裁院作出决定。

（五）仲裁庭有权决定是否接受逾期提交的反请求和反请求答辩书。

（六）申请人对被申请人的反请求未提出书面答辩的，不影响仲裁程序的进行。

**第十七条　变更仲裁请求或反请求**

申请人可以申请对仲裁请求进行变更，被申请人也可以申请对反请求进行变更；但是仲裁庭认为提出变更的时间过迟而影响仲裁程序正常进行的，可以拒绝受理变更请求申请。

**第十八条　追加当事人**

（一）在仲裁程序中，一方当事人依据表面上约束被追加当事人的案涉仲裁协议可以向仲裁委员会申请追加当事人。在仲裁庭组成后申请追加当事人的，如果仲裁庭认为确有必要，应在征求包括被追加当事人在内的各方当事人的意见后，由仲裁委员会作出决定。

仲裁委员会仲裁院收到追加当事人申请之日视为针对该被追加当事人的仲裁开始之日。

（二）追加当事人申请书应包含现有仲裁案件的案号，涉及被追加当事人在内的所有当事人的名称、住所及通讯方式，追加当事人所依据的仲裁协议、事实和理由，以及仲裁请求。

当事人在提交追加当事人申请书时，应附具其申请所依据的证据材料以及其他证明文件。

（三）任何一方当事人就追加当事人程序提出仲裁协议及/或仲裁案件管辖权异议的，适用本规则第六条相关规定作出管辖权决定。

（四）追加当事人程序开始后，在仲裁庭组成之前，由仲裁委员会仲裁院就仲裁程序的进行作出决定；在仲裁庭组成之后，由仲裁庭就仲裁程序的进行作出决定。

（五）在仲裁庭组成之前追加当事人的，本规则有关当事人选定或委托仲裁委员会主任指定仲裁员的规定适用于被追加当事人。仲裁庭的组成应按照本规则第二十九条的规定进行。

在仲裁庭组成后决定追加当事人的，仲裁庭应就已经进行的包括仲裁庭组成在内的仲裁程序征求被追加当事人的意见。被追加当事人要求选定或委托仲裁委员会主任指定仲裁员的，双方当事人应重新选定或委托仲裁委员会主任指定仲裁员。仲裁庭的组成应按照本规则第二十九条的规定进行。

（六）本规则有关当事人提交答辩及反请求的规定适用于被追加当事人。被追加当事人提交答辩及反请求的期限自收到追加当事人仲裁通知后起算。

（七）案涉仲裁协议表面上不能约束被追加当事人或存在其他任何不宜追加当事人的情形的，仲裁委员会有权决定不予追加。

### 第十九条 合并仲裁

（一）符合下列条件之一的，经一方当事人请求，仲裁委员会可以决定将根据本规则进行的两个或两个以上的仲裁案件合并为一个仲裁案件进行审理。

1. 各案仲裁请求依据同一个仲裁协议提出；

2. 各案仲裁请求依据多个合同仲裁协议提出，该多个合同系主从合同关系、或多个合同所涉当事人相同及法律关系性质相同、或多个合同所涉标的具有牵连关系，且多个合同仲裁协议内容相同或相容；

3. 所有案件的当事人均同意合并仲裁。

（二）根据上述第（一）款决定合并仲裁时，仲裁委员会应考虑各方当事人的意见及相关仲裁案件之间的关联性等因素，包括不同案件的仲裁员的选定或指定情况。

（三）除非各方当事人另有约定，合并的仲裁案件应合并至最先开始仲裁程序的仲裁案件。

（四）仲裁案件合并后，在仲裁庭组成之前，由仲裁委员会仲裁院就程序的进行作出决定；仲裁庭组成后，由仲裁庭就程序的进行作出决定。

### 第二十条 仲裁文件的提交与交换

（一）当事人的仲裁文件应提交至仲裁委员会仲裁院。

（二）仲裁程序中需发送或转交的仲裁文件，由仲裁委员会仲裁院发送或转交仲裁庭及当事人，当事人另有约定并经仲裁庭同意或仲裁庭另有决定者除外。

附录一

**第二十一条　仲裁文件的提交方式与份数**

（一）当事人的仲裁申请书、答辩书、反请求书和证据材料以及其他仲裁文件可优先采用电子方式提交。

（二）当事人以电子方式提交的，如仲裁委员会仲裁院或仲裁庭认为有必要，可要求其提交相同的纸质文本。电子文本与纸质文本不一致的，以电子文本为准，除非当事人另有约定。

（三）当事人以纸质方式提交的，应一式五份；多方当事人的案件，应增加相应份数；当事人提出保全措施申请的，应增加相应份数；仲裁庭组成人数为一人的，应相应减少两份。

**第二十二条　仲裁代理人**

（一）当事人可以授权中国及/或外国的仲裁代理人办理有关仲裁事项。当事人或其仲裁代理人应向仲裁委员会仲裁院提交授权委托书，仲裁委员会仲裁院应将授权委托书转交相关当事人和仲裁庭。

（二）仲裁庭组成后当事人变更或新增仲裁代理人的，仲裁委员会仲裁院院长可考虑当事人在合理期限内对仲裁员回避事项发表意见的情况、仲裁庭审理案件的进展等因素，采取必要措施防止仲裁员因当事人代理人的变化而产生的利益冲突，包括排除新的仲裁代理人参与仲裁程序。

**第二十三条　保全措施及临时措施**

（一）当事人申请保全措施的，仲裁委员会应当将当事人的保全措施申请转交当事人指明的有管辖权的法院。

仲裁委员会可依据当事人的请求，将其提交的保全措施申请在仲裁通知发出前先行转交上述法院。

（二）根据所适用的法律或当事人的约定，当事人可以依据《中国国际经济贸易仲裁委员会紧急仲裁员程序》（本规则附件三）向仲裁委员会仲裁院申请紧急性临时救济。紧急仲裁员可以决定采取必要或适当的紧急性临时救济措施。紧急仲裁员决定对双方当事人具有约束力。

（三）经一方当事人请求，仲裁庭依据所适用的法律或当事人的约定可以决定采取其认为必要或适当的临时措施，并有权决定由请求临时措施的一方当事人提供适当的担保。

## 第二节　仲裁员及仲裁庭

**第二十四条　仲裁员的义务**

（一）仲裁员不代表任何一方当事人，应保持中立并独立于各方当事人，平等地对待各方当事人。

（二）仲裁员接受指定/选定的，应按本规则履行职责，勤勉高效推进仲裁程序。

**第二十五条　仲裁庭的人数**

（一）仲裁庭由一名或三名仲裁员组成。

（二）除非当事人另有约定或本规则另有规定，仲裁庭由三名仲裁员组成。

**第二十六条　仲裁员的选定或指定**

（一）仲裁委员会制定统一适用于仲裁委员会及其分会/仲裁中心的仲裁员名册；当事人从仲裁委员会制定的仲裁员名册中选定仲裁员。

（二）当事人约定在仲裁委员会仲裁员名册之外选定仲裁员的，当事人选定的或根据当事人约定指定的人士经仲裁委员会主任确认后可以担任仲裁员。

（三）仲裁庭根据本规则规定组成，但当事人另有约定者除外。

（四）如果当事人约定的组庭方式存在显著的不公平或不公正，或当事人滥用权利导致仲裁程序不必要的拖延，仲裁委员会主任可依据公平原则确定组庭方式或指定仲裁庭的任一组成人员。

**第二十七条　三人仲裁庭的组成**

（一）申请人和被申请人应各自在收到仲裁通知后15天内选定或委托仲裁委员会主任指定一名仲裁员。当事人未在上述期限内选定或委托仲裁委员会主任指定的，由仲裁委员会主任指定。

（二）第三名仲裁员由双方当事人在被申请人收到仲裁通知后

15 天内共同选定或共同委托仲裁委员会主任指定。第三名仲裁员为仲裁庭的首席仲裁员。双方当事人未在上述期限内共同选定或共同委托仲裁委员会主任指定的，由仲裁委员会主任指定首席仲裁员。

（三）双方当事人可以约定由其各自选定的两名仲裁员共同选定首席仲裁员，该两名仲裁员在分别接受选定后 7 天内共同选定或共同委托仲裁委员会主任指定首席仲裁员，未在上述期限内共同选定或共同委托仲裁委员会主任指定的，由仲裁委员会主任指定首席仲裁员。

（四）双方当事人可以各自推荐一至五名候选人作为首席仲裁员人选，并按照上述第（二）款规定的期限提交推荐名单。双方当事人的推荐名单中有一名人选相同的，该人选为双方当事人共同选定的首席仲裁员；有一名以上人选相同的，由仲裁委员会主任根据案件的具体情况在相同人选中确定一名首席仲裁员，该名首席仲裁员仍为双方共同选定的首席仲裁员；推荐名单中没有相同人选时，由仲裁委员会主任在推荐名单外指定首席仲裁员。

（五）经双方当事人约定或共同请求，仲裁委员会主任可以提名 3 名首席仲裁员人选供其在收到提名名单后 7 日内选定首席仲裁员。

除非当事人另有约定，本款应使用下述名单方法指定/选定首席仲裁员：

1. 每一方当事人可排除其反对的一人或数人并将提名名单上保留的人选名单提交仲裁委员会仲裁院。

2. 如双方当事人保留名单有一名相同人选的，则该人选为双方当事人共同选定的首席仲裁员；如双方当事人保留名单有两名或以上相同人选的，则由仲裁委员会主任根据案件的具体情况确定其中一名人选为首席仲裁员，该名首席仲裁员仍为双方共同选定的首席仲裁员；双方当事人未选定相同人选时，由仲裁委员会主任在提名名单外指定首席仲裁员。

**第二十八条　独任仲裁庭的组成**

仲裁庭由一名仲裁员组成的，按照本规则第二十七条第（二）

（四）（五）款规定的程序，选定或指定独任仲裁员。

**第二十九条　多方当事人仲裁庭的组成**

（一）仲裁案件有两个或两个以上申请人及/或被申请人时，申请人方及/或被申请人方应各自协商，各方共同选定或共同委托仲裁委员会主任指定一名仲裁员。

（二）首席仲裁员或独任仲裁员应按照本规则第二十七条第（二）（四）（五）款规定的程序选定或指定。申请人方及/或被申请人方按照本规则第二十七条的规定选定首席仲裁员或独任仲裁员时，应各方共同协商，提交各方共同选定的候选人名单。

（三）如果申请人方及/或被申请人方未能在收到仲裁通知后15天内各方共同选定或各方共同委托仲裁委员会主任指定一名仲裁员，则由仲裁委员会主任指定仲裁庭三名仲裁员，并从中确定一人担任首席仲裁员。

**第三十条　指定仲裁员的考虑因素**

仲裁委员会主任根据本规则的规定指定仲裁员时，应考虑争议的适用法律、仲裁地、仲裁语言、当事人国籍、争议类型，以及仲裁委员会主任认为应考虑的其他因素。

**第三十一条　披露**

（一）被选定或被指定的仲裁员应签署声明书，披露可能引起对其公正性和独立性产生合理怀疑的任何事实或情形。

（二）在仲裁程序中出现应披露的事实或情形的，仲裁员应立即书面披露。

（三）仲裁员的声明书及/或披露的信息应提交仲裁委员会仲裁院并转交各方当事人及其他仲裁庭组成人员。

**第三十二条　仲裁员的回避**

（一）当事人收到仲裁员的声明书及/或书面披露后，如果以披露的事实或情况为理由要求该仲裁员回避，则应于收到仲裁员的书面披露后10天内书面提出。逾期没有申请回避的，不得以仲裁员曾经披露的事项为由申请该仲裁员回避。

（二）当事人对被选定或被指定的仲裁员的公正性和独立性产生具有正当理由的怀疑时，可以书面提出要求该仲裁员回避的请求，但应说明提出回避请求所依据的具体事实和理由，并举证。

（三）对仲裁员的回避请求应在收到组庭通知后 15 天内以书面形式提出；在此之后得知要求回避事由的，可以在得知回避事由后 15 天内提出，但应不晚于最后一次开庭终结。

（四）当事人的回避请求应当立即转交另一方当事人、被请求回避的仲裁员及仲裁庭其他成员。

（五）如果一方当事人请求仲裁员回避，另一方当事人同意回避请求，或被请求回避的仲裁员主动提出不再担任该仲裁案件的仲裁员，则该仲裁员不再担任仲裁员审理本案。上述情形并不表示当事人提出回避的理由成立。

（六）除上述第（五）款规定的情形外，仲裁员是否回避，由仲裁委员会主任作出终局决定并可以不说明理由。

（七）在仲裁委员会主任就仲裁员是否回避作出决定前，被申请回避的仲裁员应继续履行职责。

**第三十三条　仲裁员的更换**

（一）仲裁员在法律上或事实上不能履行职责，或没有按照本规则的要求或在本规则规定的期限内履行应尽职责时，仲裁委员会主任有权决定将其更换；该仲裁员也可以主动申请不再担任仲裁员。

（二）是否更换仲裁员，由仲裁委员会主任作出终局决定并可以不说明理由。

（三）在仲裁员因回避或更换不能履行职责时，应按照原选定或指定仲裁员的方式在仲裁委员会仲裁院规定的合理期限内选定或指定替代的仲裁员。当事人未选定或指定替代仲裁员的，由仲裁委员会主任指定替代的仲裁员。

（四）重新选定或指定仲裁员后，由仲裁庭决定是否重新审理及重新审理的范围。

**第三十四条　多数仲裁员继续仲裁程序**

最后一次开庭终结后，如果三人仲裁庭中的一名仲裁员因死亡或被除名等情形而不能参加合议及/或作出裁决，另外两名仲裁员可以请求仲裁委员会主任按照第三十三条的规定更换该仲裁员；在征求双方当事人意见并经仲裁委员会主任同意后，该两名仲裁员也可以继续进行仲裁程序，作出决定或裁决。仲裁委员会仲裁院应将上述情况通知双方当事人。

# 第三节　审　理

**第三十五条　审理方式**

（一）除非当事人另有约定，仲裁庭可以按照其认为适当的方式审理案件。在任何情形下，仲裁庭均应公平和公正地行事，给予双方当事人陈述与辩论的合理机会。

（二）仲裁庭应开庭审理案件，但双方当事人约定并经仲裁庭同意或仲裁庭认为不必开庭审理并征得双方当事人同意的，可以只依据书面文件进行审理。

（三）除非当事人另有约定，仲裁庭可以根据案件的具体情况采用询问式或辩论式的庭审方式审理案件。

（四）仲裁庭可以在其认为适当的地点以其认为适当的方式进行合议。

（五）除非当事人另有约定，仲裁庭认为必要时可以就所审理的案件发布程序令、发出问题单、制作审理范围书、举行庭前会议等。经仲裁庭其他成员授权，首席仲裁员可以单独就仲裁案件的程序安排作出决定。

**第三十六条　开庭地**

（一）当事人约定开庭地点的，仲裁案件的开庭审理应当在约定的地点进行，但出现本规则第八十五条第（三）款规定的情形的除外。

（二）除非当事人另有约定，由仲裁委员会仲裁院或其分会/仲裁中心仲裁院管理的案件应分别在北京或分会/仲裁中心所在地开庭审理；如仲裁庭认为必要，经仲裁委员会仲裁院院长同意，也可以在其他地点开庭审理。

**第三十七条　开庭审理**

（一）开庭审理的案件，仲裁庭确定第一次开庭日期后，应不晚于开庭前 20 天将开庭日期通知双方当事人。当事人有正当理由的，可以请求延期开庭，但应于收到开庭通知后 5 天内提出书面延期申请；是否延期，由仲裁庭决定。

（二）当事人有正当理由未能按上述第（一）款规定提出延期开庭申请的，是否接受其延期申请，由仲裁庭决定。

（三）再次开庭审理的日期及延期后开庭审理日期的通知及其延期申请，不受上述第（一）款期限的限制。

（四）开庭审理的案件，当事人及其仲裁代理人有权参加开庭。其他仲裁参与人参加开庭由仲裁庭决定。除非经仲裁庭和当事人同意，仲裁参与人之外的人员不得出席。

（五）仲裁庭可在商各方当事人意见后，根据仲裁案件的具体情况，自行决定以现场出席、远程视频及其他适当的电子通讯方式开庭。

（六）仲裁委员会仲裁院提供开庭设施及远程视频开庭的行政后勤支持。

**第三十八条　保密**

（一）仲裁庭审理案件不公开进行。双方当事人要求公开审理的，由仲裁庭决定是否公开审理。

（二）不公开审理的案件，双方当事人及其仲裁代理人、仲裁员、证人、翻译、仲裁庭咨询的专家和指定的鉴定人，以及其他有关人员，均不得对外界透露案件实体和程序的有关情况。

**第三十九条　缺席审理**

（一）申请人无正当理由开庭时不到庭的，或在开庭审理时未经仲裁庭许可中途退庭的，可以视为撤回仲裁申请；被申请人提出反请求的，不影响仲裁庭就反请求进行审理，并作出裁决。

（二）被申请人无正当理由开庭时不到庭的，或在开庭审理时未经仲裁庭许可中途退庭的，仲裁庭可以进行缺席审理并作出裁决；被申请人提出反请求的，可以视为撤回反请求。

**第四十条 庭审笔录**

（一）开庭审理时，仲裁庭可以制作庭审笔录及/或影音记录。仲裁庭认为必要时，可以制作庭审要点，并要求当事人及/或其代理人、证人及/或其他有关人员在庭审笔录或庭审要点上签字或盖章。

（二）当事人和其他仲裁参与人认为对自己陈述的记录有遗漏或有差错的，可以申请补正；仲裁庭不同意其补正的，应将该申请记录在案。

（三）庭审笔录、庭审要点和影音记录供仲裁庭查用。

（四）应一方当事人申请，仲裁委员会仲裁院视案件具体情况可以决定聘请速录人员记录庭审笔录，当事人应当预交由此产生的费用。

**第四十一条 举证**

（一）当事人应对其申请、答辩和反请求所依据的事实提供证据加以证明，对其主张、辩论及抗辩要点提供依据。

（二）仲裁庭可以规定当事人提交证据的期限。当事人应在规定的期限内提交证据。逾期提交的，仲裁庭可以不予接受。当事人在举证期限内提交证据材料确有困难的，可以在期限届满前申请延长举证期限。是否延长，由仲裁庭决定。

（三）当事人未能在规定的期限内提交证据，或虽提交证据但不足以证明其主张的，负有举证责任的当事人承担因此产生的后果。

（四）除非当事人另有约定，仲裁庭可以决定适用或部分适用《中国国际经济贸易仲裁委员会证据指引》（以下简称《证据指引》）审理案件，但该《证据指引》不构成本规则的组成部分。

**第四十二条 质证**

（一）除非当事人另有约定或协商一致，开庭审理的案件，证据应在开庭时出示，当事人可以质证。

（二）对于书面审理的案件的证据材料，或对于开庭后提交的证据材料且当事人同意书面质证的，可以进行书面质证。书面质证时，当事人应在仲裁庭规定的期限内提交书面质证意见。

### 第四十三条 仲裁庭调查取证

（一）仲裁庭认为必要时，可以调查事实，收集证据。

（二）仲裁庭调查事实、收集证据时，可以通知当事人到场。经通知，一方或双方当事人不到场的，不影响仲裁庭调查事实和收集证据。

（三）仲裁庭调查收集的证据，应转交当事人，给予当事人提出意见的机会。

### 第四十四条 专家报告及鉴定报告

（一）仲裁庭可以就案件中的专门问题向专家咨询或指定鉴定人进行鉴定。专家和鉴定人可以是中国或外国的机构或自然人。

（二）仲裁庭有权要求当事人、当事人也有义务向专家或鉴定人提供或出示任何有关资料、文件或财产、实物，以供专家或鉴定人审阅、检验或鉴定。

（三）专家报告和鉴定报告的副本应转交当事人，给予当事人提出意见的机会。一方当事人申请或仲裁庭要求专家或鉴定人参加开庭的，专家或鉴定人应参加开庭，并在仲裁庭认为必要时就所作出的报告进行解释。

### 第四十五条 程序中止

（一）双方当事人共同或分别请求中止仲裁程序，或出现其他需要中止仲裁程序的情形的，仲裁程序可以中止。

（二）中止程序的原因消失或中止程序期满后，仲裁程序恢复进行。

（三）仲裁程序的中止及恢复，由仲裁庭决定；仲裁庭尚未组成的，由仲裁委员会仲裁院院长决定。

**第四十六条　撤回申请和撤销案件**

（一）当事人可以撤回全部仲裁请求或全部仲裁反请求。申请人撤回全部仲裁请求的，不影响仲裁庭就被申请人的仲裁反请求进行审理和裁决。被申请人撤回全部仲裁反请求的，不影响仲裁庭就申请人的仲裁请求进行审理和裁决。

（二）因当事人自身原因或相关法律规定致使仲裁程序不能进行的，可以视为其撤回仲裁请求。

（三）仲裁请求和反请求全部撤回的，案件可以撤销。在仲裁庭组成前撤销案件的，由仲裁委员会仲裁院院长作出撤案决定；仲裁庭组成后撤销案件的，由仲裁庭作出撤案决定。

（四）上述第（三）款及本规则第六条第（七）款所述撤案决定应加盖"中国国际经济贸易仲裁委员会"印章。

**第四十七条　仲裁与调解相结合**

（一）双方当事人有调解愿望的，或一方当事人有调解愿望并经仲裁庭征得另一方当事人同意的，仲裁庭可以在仲裁程序中对案件进行调解。双方当事人也可以自行和解。

（二）仲裁庭在征得双方当事人同意后可以按照其认为适当的方式进行调解。

（三）调解过程中，任何一方当事人提出终止调解或仲裁庭认为已无调解成功的可能时，仲裁庭应终止调解。

（四）双方当事人经仲裁庭调解达成和解或自行和解的，应签订和解协议。

（五）当事人经调解达成或自行达成和解协议的，可以撤回仲裁请求或反请求，也可以请求仲裁庭根据当事人和解协议的内容作出裁决书或制作调解书。

（六）当事人请求制作调解书的，调解书应当写明仲裁请求和当事人书面和解协议的内容，由仲裁员署名，并加盖"中国国际经济贸易仲裁委员会"印章，送达双方当事人。

（七）调解不成功的，仲裁庭应当继续进行仲裁程序并作出裁决。

（八）当事人有调解愿望但不愿在仲裁庭主持下进行调解的，经双方当事人同意，仲裁委员会可以协助当事人以适当的方式和程序进行调解。

（九）如果调解不成功，任何一方当事人均不得在其后的仲裁程序、司法程序和其他任何程序中援引对方当事人或仲裁庭在调解过程中曾发表的意见、提出的观点、作出的陈述、表示认同或否定的建议或主张作为其请求、答辩或反请求的依据。

（十）当事人在仲裁程序开始之前自行达成或经调解达成和解协议的，可以依据由仲裁委员会仲裁的仲裁协议及其和解协议，请求仲裁委员会组成仲裁庭，按照和解协议的内容作出仲裁裁决。除非当事人另有约定，仲裁委员会主任指定一名独任仲裁员成立仲裁庭，由仲裁庭按照其认为适当的程序进行审理并作出裁决。具体程序和期限，不受本规则其他条款关于程序和期限的限制。

**第四十八条　第三方资助**

（一）获得第三方资助的当事人应在签署资助协议后，毫不迟延地将第三方资助安排的事实、经济利益、第三方的名称与住址等情况提交仲裁委员会仲裁院。仲裁委员会仲裁院应转交相关当事人和仲裁庭。仲裁庭认为必要的，可要求获得第三方资助的当事人披露相关情况。

（二）在就仲裁费用和其他相关费用作出裁决时，仲裁庭可以考虑是否存在第三方资助的情形，以及当事人是否遵守第（一）款的规定。

**第四十九条　中间裁决**

（一）仲裁庭认为必要或当事人提出请求并经仲裁庭同意的，仲裁庭可以在作出最终裁决之前，就案件的任何问题作出中间裁决。

（二）任何一方当事人不履行中间裁决，不影响仲裁程序的继续进行，也不影响仲裁庭作出最终裁决。

**第五十条　早期驳回程序**

（一）当事人可以以仲裁请求或反请求明显缺乏法律依据或明显

超出仲裁庭的管辖范围为由申请早期驳回全部或部分仲裁请求或反请求（以下简称"早期驳回程序申请"）。

（二）当事人应以书面形式提出早期驳回程序申请，并应说明其事实和法律依据。仲裁庭可要求提出请求的一方当事人提供正当理由，并可要求其证明实施早期驳回程序将加快整个仲裁程序，以防止当事人滥用早期驳回程序申请拖延仲裁程序。当事人提起早期驳回申请不影响仲裁庭继续进行仲裁程序。

（三）当事人应尽可能及早提交早期驳回程序申请，除非仲裁庭另有决定，早期驳回程序申请最迟应不晚于提交答辩书或反请求答辩书时提出。

（四）在征询双方当事人意见后，仲裁庭可以对早期驳回程序申请作出是否受理决定。

（五）仲裁庭应在早期驳回程序申请提出之日起 60 天内对该请求作出决定或裁决，并附具理由。经仲裁庭请求，仲裁委员会仲裁院院长认为确有正当理由和必要的，可以适当延长该期限。

（六）仲裁庭裁决支持或部分支持早期驳回程序申请的，不影响仲裁庭对其他仲裁请求和反请求的继续审理。

# 第三章　裁　　决

### 第五十一条　作出裁决的期限

（一）仲裁庭应在组庭后 6 个月内作出裁决书。

（二）经仲裁庭请求，仲裁委员会仲裁院院长认为确有正当理由和必要的，可以延长该期限。

（三）程序中止的期间不计入上述第（一）款规定的裁决期限。

### 第五十二条　裁决的作出

（一）仲裁庭应当根据事实和合同约定，依照法律规定，参考国际惯例，公平合理、独立公正地作出裁决。

（二）当事人对于案件实体适用法有约定的，从其约定。当事人没有约定或其约定与法律强制性规定相抵触的，由仲裁庭决定案件

附录一

实体应适用的法律或法律规则。

（三）仲裁庭在裁决书中应写明仲裁请求、争议事实、裁决理由、裁决结果、仲裁费用的承担、裁决的日期和地点。当事人协议不写明争议事实和裁决理由的，以及按照双方当事人和解协议的内容作出裁决书的，可以不写明争议事实和裁决理由。仲裁庭有权在裁决书中确定当事人履行裁决的具体期限及逾期履行所应承担的责任。

（四）裁决书应加盖"中国国际经济贸易仲裁委员会"印章。

（五）由三名仲裁员组成的仲裁庭审理的案件，裁决依全体仲裁员或多数仲裁员的意见作出。少数仲裁员的书面意见应附卷，并可以附在裁决书后，该书面意见不构成裁决书的组成部分。

（六）仲裁庭不能形成多数意见的，裁决依首席仲裁员的意见作出。其他仲裁员的书面意见应附卷，并可以附在裁决书后，该书面意见不构成裁决书的组成部分。

（七）除非裁决依首席仲裁员意见或独任仲裁员意见作出并由其署名，裁决书应由多数仲裁员署名。持有不同意见的仲裁员可以在裁决书上署名，也可以不署名。仲裁员电子签名与手写署名具有同等效力。

（八）作出裁决书的日期，即为裁决发生法律效力的日期。

（九）裁决是终局的，对双方当事人均有约束力。

（十）向双方当事人送达的裁决书应为纸质文本。如双方当事人约定，或仲裁委员会认为有必要的，裁决书可以电子文本送达。

### 第五十三条　部分裁决

（一）仲裁庭认为必要或当事人提出请求并经仲裁庭同意的，仲裁庭可以在作出最终裁决之前，就当事人的某些请求事项先行作出部分裁决。部分裁决是终局的，对双方当事人均有约束力。

（二）一方当事人不履行部分裁决，不影响仲裁程序的继续进行，也不影响仲裁庭作出最终裁决。

### 第五十四条　裁决书草案的核阅

仲裁庭应在签署裁决书之前将裁决书草案提交仲裁委员会核阅。

在不影响仲裁庭独立裁决的情况下，仲裁委员会可以就裁决书的有关问题提请仲裁庭注意。

**第五十五条　费用承担**

（一）仲裁庭有权在裁决书中裁定当事人最终应向仲裁委员会支付的仲裁费和其他费用。

（二）仲裁庭有权根据案件的具体情况在裁决书中裁定败诉方应补偿胜诉方因办理案件而支出的合理费用。仲裁庭裁定败诉方补偿胜诉方因办理案件而支出的费用是否合理时，应具体考虑案件的裁决结果、复杂程度、胜诉方当事人及/或代理人的实际工作量以及案件的争议金额等因素。

**第五十六条　裁决书的更正**

（一）仲裁庭可以在发出裁决书后的合理时间内自行以书面形式对裁决书中的书写、打印、计算上的错误或其他类似性质的错误或遗漏事项作出更正。

（二）任何一方当事人均可以在收到裁决书后 30 天内就裁决书中的书写、打印、计算上的错误或其他类似性质的错误或遗漏事项，书面申请仲裁庭作出更正；如确有错误，仲裁庭应在收到书面申请后 30 天内作出书面更正。

（三）上述书面更正构成裁决书的组成部分，应适用本规则第五十二条第（四）至（十）款的规定。

**第五十七条　补充裁决**

（一）如果裁决书中对仲裁请求/反请求有漏裁事项，仲裁庭可以在发出裁决书后的合理时间内自行作出补充裁决。

（二）任何一方当事人可以在收到裁决书后 30 天内以书面形式请求仲裁庭就裁决书中漏裁的事项作出补充裁决；如确有漏裁事项，仲裁庭应在收到上述书面申请后 30 天内作出补充裁决。

（三）该补充裁决构成裁决书的一部分，应适用本规则第五十二条第（四）至（十）款的规定。

### 第五十八条　裁决的履行

（一）当事人应依照裁决书写明的期限履行仲裁裁决；裁决书未写明履行期限的，应立即履行。

（二）一方当事人不履行裁决的，另一方当事人可以依法向有管辖权的法院申请执行。

# 第四章　简易程序

### 第五十九条　简易程序的适用

（一）除非当事人另有约定，凡争议金额不超过人民币 500 万元，或争议金额超过人民币 500 万元但经一方当事人书面申请并征得另一方当事人书面同意的，或双方当事人约定适用简易程序的，适用简易程序。

（二）没有争议金额或争议金额不明确的，由仲裁委员会根据案件的复杂程度、涉及利益的大小以及其他有关因素综合考虑决定是否适用简易程序。

### 第六十条　案件的受理

仲裁委员会仲裁院收到申请人的仲裁申请书及其附件后，经审查，认为符合本规则第十二条规定的受理条件并适用简易程序的，应向双方当事人发出仲裁通知。

### 第六十一条　仲裁庭的组成

除非当事人另有约定，适用简易程序的案件，依照本规则第二十八条的规定成立独任仲裁庭审理案件。

### 第六十二条　答辩和反请求

（一）被申请人应在收到仲裁通知后 20 天内提交答辩书及证据材料以及其他证明文件；如有反请求，也应在此期限内提交反请求书及证据材料以及其他证明文件。

（二）申请人应在收到反请求受理通知后 20 天内针对被申请人的反请求提交答辩。

（三）当事人确有正当理由请求延长上述期限的，由仲裁庭决定是否延长；仲裁庭尚未组成的，由仲裁委员会仲裁院作出决定。

**第六十三条　审理方式**

仲裁庭可以按照其认为适当的方式审理案件，可以在征求当事人意见后决定只依据当事人提交的书面材料和证据进行书面审理，也可以决定开庭审理。

**第六十四条　开庭审理**

（一）对于开庭审理的案件，仲裁庭确定第一次开庭日期后，应不晚于开庭前15天将开庭日期通知双方当事人。当事人有正当理由的，可以请求延期开庭，但应于收到开庭通知后3天内提出书面延期申请；是否延期，由仲裁庭决定。

（二）当事人有正当理由未能按上述第（一）款规定提出延期开庭申请的，是否接受其延期申请，由仲裁庭决定。

（三）再次开庭审理的日期及延期后开庭审理日期的通知及其延期申请，不受上述第（一）款期限的限制。

**第六十五条　作出裁决的期限**

（一）仲裁庭应在组庭后3个月内作出裁决书。

（二）经仲裁庭请求，仲裁委员会仲裁院院长认为确有正当理由和必要的，可以延长该期限。

（三）程序中止的期间不计入上述第（一）款规定的裁决期限。

**第六十六条　程序变更**

仲裁请求的变更或反请求的提出，不影响简易程序的继续进行。经变更的仲裁请求或反请求所涉争议金额分别超过人民币500万元的案件，除非当事人约定或仲裁庭认为有必要变更为普通程序，继续适用简易程序。

**第六十七条　本规则其他条款的适用**

本章未规定的事项，适用本规则其他各章的有关规定。

## 第五章  国内仲裁的特别规定

**第六十八条  本章的适用**

（一）国内仲裁案件，适用本章规定。

（二）符合本规则第五十九条规定的国内仲裁案件，适用第四章简易程序的规定。

**第六十九条  案件的受理**

仲裁委员会仲裁院收到申请人的仲裁申请书及其附件后，经审查，认为符合本规则第十二条规定的受理条件并适用国内仲裁程序的，应向双方当事人发出仲裁通知。

**第七十条  仲裁庭的组成**

仲裁庭应按照本规则第二十五条、第二十六条、第二十七条、第二十八条、第二十九条和第三十条的规定组成。

**第七十一条  答辩和反请求**

（一）被申请人应在收到仲裁通知后 20 天内提交答辩书及所依据的证据材料以及其他证明文件；如有反请求，也应在此期限内提交反请求书及所依据的证据材料以及其他证明文件。

（二）申请人应在收到反请求受理通知后 20 天内针对被申请人的反请求提交答辩。

（三）当事人确有正当理由请求延长上述期限的，由仲裁庭决定是否延长；仲裁庭尚未组成的，由仲裁委员会仲裁院作出决定。

**第七十二条  开庭审理**

（一）对于开庭审理的案件，仲裁庭确定第一次开庭日期后，应不晚于开庭前 15 天将开庭日期通知双方当事人。当事人有正当理由的，可以请求延期开庭，但应于收到开庭通知后 3 天内提出书面延期申请；是否延期，由仲裁庭决定。

（二）当事人有正当理由未能按上述第（一）款规定提出延期开庭申请的，是否接受其延期申请，由仲裁庭决定。

（三）再次开庭审理的日期及延期后开庭审理日期的通知及其延

期申请，不受上述第（一）款期限的限制。

**第七十三条　庭审笔录**

（一）仲裁庭应将开庭情况记入笔录。当事人和其他仲裁参与人认为对自己陈述的记录有遗漏或有差错的，可以申请补正；仲裁庭不同意其补正的，应将该申请记录在案。

（二）庭审笔录由仲裁员、记录人员、当事人和其他仲裁参与人签名或盖章。

**第七十四条　作出裁决的期限**

（一）仲裁庭应在组庭后4个月内作出裁决书。

（二）经仲裁庭请求，仲裁委员会仲裁院院长认为确有正当理由和必要的，可以延长该期限。

（三）程序中止的期间不计入上述第（一）款规定的裁决期限。

**第七十五条　本规则其他条款的适用**

本章未规定的事项，适用本规则其他各章的有关规定。本规则第六章的规定除外。

# 第六章　香港仲裁的特别规定

**第七十六条　本章的适用**

（一）仲裁委员会在香港特别行政区设立仲裁委员会香港仲裁中心。本章适用于仲裁委员会香港仲裁中心接受仲裁申请并管理的仲裁案件。

（二）当事人约定将争议提交仲裁委员会香港仲裁中心仲裁或约定将争议提交仲裁委员会在香港仲裁的，由仲裁委员会香港仲裁中心接受仲裁申请并管理案件。

**第七十七条　仲裁地及程序适用法**

除非当事人另有约定，仲裁委员会香港仲裁中心管理的案件的仲裁地为香港，仲裁程序适用法为香港仲裁法，仲裁裁决为香港裁决。

**第七十八条　管辖权决定的作出**

当事人对仲裁协议及/或仲裁案件管辖权的异议，应不晚于第一次实体答辩前提出。

仲裁庭有权对仲裁协议的存在、效力以及仲裁案件的管辖权作出决定。

**第七十九条　仲裁员的选定或指定**

仲裁委员会现行仲裁员名册在仲裁委员会香港仲裁中心管理的案件中推荐使用，当事人可以在仲裁委员会仲裁员名册外选定仲裁员。被选定的仲裁员应经仲裁委员会主任确认。

**第八十条　临时措施和紧急救济**

（一）除非当事人另有约定，应一方当事人申请，仲裁庭有权决定采取适当的临时措施。

（二）在仲裁庭组成之前，当事人可以按照《中国国际经济贸易仲裁委员会紧急仲裁员程序》（本规则附件三）申请紧急性临时救济。

**第八十一条　裁决书的印章**

裁决书应加盖"中国国际经济贸易仲裁委员会香港仲裁中心"印章。

**第八十二条　仲裁收费**

依本章接受申请并管理的案件适用《中国国际经济贸易仲裁委员会仲裁费用表（三）》（本规则附件二）。

**第八十三条　本规则其他条款的适用**

本章未规定的事项，适用本规则其他各章的有关规定，本规则第五章的规定除外。

# 第七章　附　　则

**第八十四条　仲裁语言**

（一）当事人对仲裁语言有约定的，从其约定。

（二）当事人对仲裁语言没有约定的，以中文为仲裁语言。仲裁委员会也可以在适当考虑合同所用语言在内的所有情况后决定使用一种或数种语言进行仲裁。仲裁庭组成后，可根据案件具体情形重新确定仲裁程序使用的仲裁语言。

（三）仲裁庭开庭时，当事人或其代理人、证人需要语言翻译的，可由仲裁委员会仲裁院提供译员，也可由当事人自行提供译员。

（四）当事人提交的各种文书和证明材料，仲裁庭或仲裁委员会仲裁院认为必要时，可以要求当事人提供相应的中文译本或其他语言译本。

### 第八十五条 仲裁费用及实际费用

（一）仲裁委员会除按照制定的仲裁费用表向当事人收取仲裁费外，还可以向当事人收取其他额外的、合理的实际费用，包括仲裁员办理案件的特殊报酬、差旅费、食宿费、聘请速录员速录费，以及仲裁庭聘请专家、鉴定人和翻译等费用。

仲裁员的特殊报酬由双方当事人约定或仲裁员提出经由仲裁委员会仲裁院商相关当事人同意后可以小时费率为基础报价，并参照《中国国际经济贸易仲裁委员会仲裁费用表（三）》（本规则附件二）三（二）"仲裁员报酬和费用（以小时费率为基础）"的标准及相关规定确定。

（二）当事人未在仲裁委员会规定的期限内为其选定的仲裁员预缴特殊报酬、差旅费、食宿费等实际费用的，视为没有选定仲裁员。

（三）当事人约定在仲裁委员会或其分会/仲裁中心所在地之外开庭的，应预缴因此而发生的差旅费、食宿费等实际费用。当事人未在仲裁委员会规定的期限内预缴有关实际费用的，应在仲裁委员会或其分会/仲裁中心所在地开庭。

（四）当事人约定以两种或两种以上语言为仲裁语言的，或根据本规则第五十九条的规定适用简易程序的案件但当事人约定由三人仲裁庭审理的，仲裁委员会可以向当事人收取额外的、合理的费用。

（五）仲裁委员会为当事人提供本规则第二条第（七）款规定的临时仲裁服务的，视当事人请求及案件具体情况，经与双方当事人协商决定收取相关仲裁费用，并通知当事人在规定的期限内支付。当事人未缴纳或未足额缴纳的，仲裁委员会可全部或部分中止提供临时仲裁服务，并可视为其撤回了相关请求。

**第八十六条　责任限制**

仲裁委员会及其工作人员、仲裁员、紧急仲裁员和仲裁程序中仲裁庭聘请的相关人员，不就其根据本规则进行的任何与仲裁有关的行为包括任何过失、作为和不作为，向任何人承担任何民事责任，且不负有作证义务，除非仲裁所适用的法律另有规定。

**第八十七条　规则的解释**

（一）本规则条文标题不用于解释条文含义。

（二）本规则由仲裁委员会负责解释。

**第八十八条　规则的施行**

本规则自 2024 年 1 月 1 日起施行。本规则施行前仲裁委员会及其分会/仲裁中心管理的案件，仍适用受理案件时适用的仲裁规则；双方当事人同意的，也可以适用本规则。

附件：（略）

# 中国海事仲裁委员会仲裁规则

（2021 年 9 月 13 日中国国际贸易促进委员会/中国国际商会修订并通过　自 2021 年 10 月 1 日起施行）

## 第一章　总　　则

**第一条　仲裁委员会**

（一）中国海事仲裁委员会（以下简称"仲裁委员会"），原名中国国际贸易促进委员会海事仲裁委员会。

（二）当事人在仲裁协议中订明由中国国际贸易促进委员会/中国国际商会的海事仲裁委员会仲裁的，或使用仲裁委员会原名称为仲裁机构的，视为同意由中国海事仲裁委员会仲裁。

第二条　机构及职责

（一）仲裁委员会主任履行本规则赋予的职责。副主任根据主任的授权可以履行主任的职责。

（二）仲裁委员会设有仲裁院，在授权的副主任和仲裁院院长的领导下履行本规则规定的职责。

（三）仲裁委员会设在北京，设有上海总部，在具备条件的城市和行业设有分会/仲裁中心。仲裁委员会上海总部/分会/仲裁中心（本规则附件一）是仲裁委员会的派出机构，根据仲裁委员会的授权，接受仲裁申请，管理仲裁案件。

（四）上海总部/分会/仲裁中心履行本规则规定由仲裁委员会仲裁院履行的职责。

（五）双方当事人约定将争议提交中国海事仲裁委员会仲裁的，根据申请人的选择，由仲裁委员会仲裁院，或仲裁委员会上海总部/分会/仲裁中心接受仲裁申请，管理案件。双方当事人都提出仲裁申请的，以首先提出申请的为准。双方当事人约定将争议提交仲裁委员会在北京、上海或分会/仲裁中心所在地，或约定将争议提交仲裁委员会上海总部/分会/仲裁中心仲裁的，分别由仲裁委员会仲裁院，或仲裁委员会上海总部/分会/仲裁中心接受仲裁申请，管理案件。约定的派出机构不存在或约定不明的，由仲裁委员会仲裁院接受仲裁申请，管理案件。如有争议，由仲裁委员会作出决定。

第三条　受案范围

（一）仲裁委员会根据当事人的约定受理下列争议案件：

1. 海事、海商争议案件；

2. 航空、铁路、公路等交通运输争议案件；

3. 贸易、投资、金融、保险、建设工程争议案件；

4. 当事人协议由仲裁委员会仲裁的其他争议案件。

（二）前述案件包括：

1. 国际或涉外案件；

2. 涉及香港特别行政区、澳门特别行政区及台湾地区的案件；

3. 国内案件。

**第四条 规则的适用**

（一）本规则统一适用于仲裁委员会及其上海总部/分会/仲裁中心。

（二）当事人约定将争议提交仲裁委员会仲裁的，视为同意按照本规则进行仲裁。

（三）当事人约定将争议提交仲裁委员会仲裁但对本规则有关内容进行变更或约定适用其他仲裁规则的，从其约定，但其约定无法实施或与仲裁地法强制性规定相抵触者除外。当事人约定适用其他仲裁规则的，由仲裁委员会履行相应的管理职责。

（四）当事人约定按照本规则进行仲裁但未约定仲裁机构的，视为同意将争议提交仲裁委员会仲裁。

（五）当事人约定适用仲裁委员会专业仲裁规则的，从其约定，但其争议不属于该专业仲裁规则适用范围的，适用本规则。

**第五条 仲裁协议**

（一）仲裁协议指当事人在合同中订明的仲裁条款或以其他方式达成的提交仲裁的书面协议。

（二）仲裁协议应当采取书面形式。书面形式包括合同书、信件、电报、电传、传真、电子数据交换和电子邮件等可以有形地表现所载内容的形式。在仲裁申请书和仲裁答辩书的交换中，一方当事人声称有仲裁协议而另一方当事人不做否认表示的，视为存在书面仲裁协议。

（三）仲裁协议适用法对仲裁协议的形式及效力另有规定的，从其规定。

（四）合同中的仲裁条款应视为与合同其他条款分离的、独立存在的条款，附属于合同的仲裁协议也应视为与合同其他条款分离的、独立存在的一个部分；合同的变更、解除、终止、转让、失效、无效、未生效、被撤销以及成立与否，均不影响仲裁条款或仲裁协议的效力。

**第六条 对仲裁协议及/或管辖权的异议**

（一）仲裁委员会有权对仲裁协议的存在、效力以及仲裁案件的管辖权作出决定。如有必要，仲裁委员会也可以授权仲裁庭作出管辖权决定。

（二）仲裁委员会依表面证据认为存在有效仲裁协议的，可根据表面证据作出仲裁委员会有管辖权的决定，仲裁程序继续进行。仲裁委员会依表面证据作出的管辖权决定并不妨碍其根据仲裁庭在审理过程中发现的与表面证据不一致的事实及/或证据重新作出管辖权决定。

（三）仲裁庭依据仲裁委员会的授权作出管辖权决定时，可以在仲裁程序进行中单独作出，也可以在裁决书中一并作出。

（四）当事人对仲裁协议及/或仲裁案件管辖权的异议，应当在仲裁庭首次开庭前书面提出；书面审理的案件，应当在本规则规定的第一次实体答辩前书面提出。

（五）对仲裁协议及/或仲裁案件管辖权提出异议不影响仲裁程序的继续进行。

（六）上述管辖权异议及/或决定包括仲裁案件主体资格异议及/或决定。

（七）仲裁委员会或经仲裁委员会授权的仲裁庭作出无管辖权决定的，应当作出撤销案件的决定。撤案决定在仲裁庭组成前由仲裁委员会仲裁院作出，在仲裁庭组成后，由仲裁庭作出。

**第七条 仲裁地**

（一）当事人对仲裁地有约定的，从其约定。

（二）当事人对仲裁地未作约定或约定不明的，以管理案件的仲裁委员会或其上海总部/分会/仲裁中心所在地为仲裁地；仲裁委员会仲裁院或仲裁庭也可视案件的具体情形确定其他地点为仲裁地。

（三）仲裁裁决视为在仲裁地作出。

**第八条 送达及期限**

（一）当事人对送达方式有约定的，从其约定。

（二）除非当事人另有约定，有关仲裁的一切文书、通知、材料

附录一

等均可采用当面递交、挂号信、特快专递、传真、电子邮件、即时通讯工具等信息系统可记载的方式、向当事船舶船长发送的方式，或者仲裁委员会仲裁院或仲裁庭认为适当的其他方式发送。

（三）上述第（二）款所述仲裁文件应发送当事人或其仲裁代理人自行提供的或当事人约定的地址；当事人或其仲裁代理人没有提供地址或当事人对地址没有约定的，按照对方当事人或其仲裁代理人提供的地址发送。

（四）向一方当事人或其仲裁代理人发送的仲裁文件，如经当面递交收件人或发送至收件人的营业地、注册地、住所地、惯常居住地或通讯地址，或经对方当事人合理查询不能找到上述任一地点，仲裁委员会仲裁院以挂号信或特快专递或能提供投递记录的包括公证送达、委托送达和留置送达在内的其他任何手段投递给收件人最后一个为人所知的营业地、注册地、住所地、惯常居住地或通讯地址，即视为有效送达。

（五）送达时间以上述送达方式中最先送达到受送达人的时间为准。

（六）本规则所规定的期限，应自当事人收到或应当收到仲裁委员会仲裁院向其发送的文书、通知、材料之日的次日起计算。

**第九条　诚实信用**

仲裁参与人应当遵循诚实信用原则，善意仲裁。

**第十条　放弃异议**

一方当事人知道或理应知道本规则或仲裁协议中规定的任何条款或情事未被遵守，仍参加仲裁程序或继续进行仲裁程序而且不对此不遵守情况及时地、明示地提出书面异议的，视为放弃提出异议的权利。

# 第二章　仲裁程序

## 第一节　仲裁申请、答辩、反请求

**第十一条　仲裁程序的开始**

仲裁程序自仲裁委员会仲裁院收到仲裁申请书之日起开始。

**第十二条 申请仲裁**

当事人依据本规则申请仲裁时应：

（一）提交由申请人或申请人授权的代理人签名及/或盖章的仲裁申请书。仲裁申请书应写明：

1. 申请人和被申请人的名称和住所，包括邮政编码、电话、传真、电子邮箱或其他电子通讯方式；

2. 申请仲裁所依据的仲裁协议；

3. 案情和争议要点；

4. 申请人的仲裁请求；

5. 仲裁请求所依据的事实和理由。

（二）在提交仲裁申请书时，附具申请人请求所依据的证据材料、主体资格证明以及其他证明文件。

（三）按照仲裁委员会仲裁费用表的规定预缴仲裁费。

**第十三条 案件的受理**

（一）仲裁委员会根据当事人在争议发生之前或在争议发生之后达成的将争议提交仲裁委员会仲裁的仲裁协议和一方当事人的书面申请，受理案件。

（二）仲裁委员会仲裁院收到申请人的仲裁申请书及其附件后，经审查，认为申请仲裁的手续完备的，应将仲裁通知、仲裁委员会仲裁规则和仲裁员名册发送给申请人，将申请人的仲裁申请书副本及其附件、仲裁通知、仲裁委员会仲裁规则和仲裁员名册发送给被申请人。

（三）仲裁委员会仲裁院经审查认为申请仲裁的手续不完备的，可以要求申请人在一定的期限内予以完备。

（四）仲裁委员会受理案件后，仲裁委员会仲裁院应指定一名案件经办人，为仲裁案件提供管理服务。

**第十四条 多份合同的仲裁**

申请人就多份合同项下的争议可在同一仲裁案件中合并提出仲裁申请，但应同时符合下列条件：

1. 多份合同系主从合同关系；或多份合同所涉当事人相同且法

附录一

223

律关系性质相同；

2．争议源于同一交易或同一系列交易；

3．多份合同中的仲裁协议内容相同或兼容。

**第十五条　答辩**

（一）被申请人应自收到仲裁通知后 30 日内提交答辩书。被申请人确有正当理由请求延长答辩期限的，由仲裁庭决定；仲裁庭尚未组成的，由仲裁委员会仲裁院决定。

（二）答辩书由被申请人或被申请人授权的代理人签名及/或盖章，应包括下列内容：

1．被申请人的名称和住所，包括邮政编码、电话、传真、电子邮箱或其他电子通讯方式；

2．对仲裁申请书的答辩及所依据的事实和理由；

3．答辩所依据的证据材料、主体资格证明以及其他证明文件。

（三）仲裁庭有权决定是否接受逾期提交的答辩书。

（四）被申请人未提交答辩书，不影响仲裁程序的进行。

**第十六条　反请求**

（一）被申请人如有反请求，应自收到仲裁通知后 30 日内以书面形式提交。被申请人确有正当理由请求延长反请求期限的，由仲裁庭决定；仲裁庭尚未组成的，由仲裁委员会仲裁院决定。

（二）被申请人提出反请求，应在反请求申请书中写明具体的反请求事项及所依据的事实和理由，并附具有关的证据材料以及其他证明文件。

（三）被申请人提出反请求，应按照仲裁委员会仲裁费用表在规定的时间内预缴仲裁费。被申请人未按期缴纳反请求仲裁费的，视同未提出反请求。

（四）仲裁委员会仲裁院认为被申请人提出反请求的手续已完备的，应向双方当事人发出反请求受理通知。申请人应在收到反请求受理通知后 30 日内针对被申请人的反请求提交答辩。申请人确有正当理由请求延长答辩期限的，由仲裁庭决定；仲裁庭尚未组成的，由仲裁委员会仲裁院决定。

（五）仲裁庭有权决定是否接受逾期提交的反请求和反请求答辩书。

（六）申请人对被申请人的反请求未提出书面答辩的，不影响仲裁程序的进行。

### 第十七条　变更仲裁请求或反请求

申请人可以申请对仲裁请求进行变更，被申请人也可以申请对反请求进行变更；仲裁庭认为申请人或被申请人提出变更的时间过迟而影响仲裁程序正常进行的，可以拒绝其变更请求。

### 第十八条　追加当事人

（一）在仲裁程序中，一方当事人依据表面上约束被追加当事人的案涉仲裁协议可以向仲裁委员会申请追加当事人。在仲裁庭组成后申请追加当事人的，如果仲裁庭认为确有必要，应在征求包括被追加当事人在内的各方当事人的意见后，由仲裁委员会决定。

仲裁委员会仲裁院收到追加当事人申请之日视为针对该被追加当事人的仲裁开始之日。

（二）追加当事人申请书应包含现有仲裁案件的案号，涉及被追加当事人在内的所有当事人的名称、住所及通讯方式，追加当事人所依据的仲裁协议、事实和理由，以及仲裁请求。

当事人在提交追加当事人申请书时，应附具申请所依据的证据材料以及其他证明文件。

（三）任何一方当事人就追加当事人程序提出仲裁协议及/或仲裁案件管辖权异议的，仲裁委员会有权基于仲裁协议及相关证据作出是否具有管辖权的决定。

（四）追加当事人程序开始后，在仲裁庭组成之前，由仲裁委员会仲裁院就仲裁程序的进行作出决定；在仲裁庭组成之后，由仲裁庭就仲裁程序的进行作出决定。

（五）在仲裁庭组成之前追加当事人的，本规则有关当事人选定或委托仲裁委员会主任指定仲裁员的规定适用于被追加当事人。仲裁庭的组成应按照本规则第三十三条的规定进行。

在仲裁庭组成后决定追加当事人的，仲裁庭应就已经进行的包括仲裁庭组成在内的仲裁程序征求被追加当事人的意见。被追加当事人要求选定或委托仲裁委员会主任指定仲裁员的，双方当事人应重新选定或委托仲裁委员会主任指定仲裁员。仲裁庭的组成应按照本规则第三十三条的规定进行。

（六）本规则有关当事人提交答辩及反请求的规定适用于被追加当事人。被追加当事人提交答辩及反请求的期限自收到追加当事人仲裁通知后起算。

（七）案涉仲裁协议表面上不能约束被追加当事人或存在其他任何不宜追加当事人的情形的，仲裁委员会有权决定不予追加。

### 第十九条　合并仲裁

（一）符合下列条件之一的，经一方当事人请求，仲裁委员会可以决定将根据本规则进行的两个或两个以上的仲裁案件合并为一个仲裁案件进行审理，但是仲裁协议明确约定拒绝合并仲裁的除外：

1. 各案仲裁请求依据同一个仲裁协议提出的；

2. 各案仲裁请求依据多个仲裁协议提出，该多个仲裁协议内容相同或兼容，且各案当事人相同、各争议所涉及的法律关系性质相同的；

3. 各案仲裁请求依据多个仲裁协议提出，该多个仲裁协议内容相同或兼容，且涉及的多份合同为主从合同关系的；

4. 各争议涉及同一交易或同一系列相关交易的；

5. 不具备上述任一条件，但所有案件当事人均同意合并仲裁的。

（二）根据上述第（一）款决定合并仲裁时，仲裁委员会应考虑各方当事人的意见、各案仲裁庭的意见及相关仲裁案件之间的关联性等因素，包括不同案件的仲裁员的选定或指定情况。

（三）除非各方当事人另有约定，合并的仲裁案件应合并至最先开始仲裁程序的仲裁案件。

（四）案件合并前各案均未组成仲裁庭的，应依照本规则第二章第三节的规定组成仲裁庭；案件合并前各案均已组成相同仲裁庭的，合并后不再另行组成仲裁庭；案件合并前部分案件已经组成仲裁庭，部分案件尚未组成仲裁庭或组成的仲裁庭不相同的，由各方当事人就合并后仲裁庭的组成进行协商。如各方当事人未能在收到合并仲裁的通知后15日内达成一致意见，则应依照本规则第二章第三节的规定重新组成仲裁庭。

（五）仲裁案件合并后，在仲裁庭组成之前，由仲裁委员会仲裁院就程序的进行作出决定；仲裁庭组成后，由仲裁庭就程序的进行作出决定。

（六）仲裁委员会可以就合并仲裁后的仲裁费用进行调整。

**第二十条　仲裁文件的提交与交换**

（一）当事人的仲裁文件应提交至仲裁委员会仲裁院。

（二）仲裁程序中需发送或转交的仲裁文件，由仲裁委员会仲裁院发送或转交仲裁庭及当事人，当事人另有约定并经仲裁庭同意或仲裁庭另有决定者除外。

**第二十一条　仲裁文件的份数**

当事人提交的仲裁申请书、答辩书、反请求书和证据材料以及其他仲裁文件，应一式五份；多方当事人的案件，应增加相应份数；当事人申请财产保全或证据保全的，应增加相应份数；仲裁庭组成人数为一人的，应相应减少两份。

**第二十二条　仲裁代理人**

（一）当事人可以授权中国及/或外国的仲裁代理人办理有关仲裁事项。当事人或其仲裁代理人应向仲裁委员会仲裁院提交授权委托书。

（二）当事人应将其代理人的变化情况毫不迟延地通知仲裁委员会仲裁院。经征求当事人意见，仲裁庭可以采取必要措施避免因当事人代理人变化而产生的利益冲突，包括全部或部分排除当事人新委任的代理人参与仲裁程序。

## 第二节 保全及临时措施

**第二十三条 财产保全**

当事人申请海事请求保全或其他财产保全的，仲裁委员会应当将当事人的申请提交被申请人住所地或其财产所在地的海事法院或其他有管辖权的法院作出裁定；当事人在仲裁程序开始前申请海事请求保全或其他财产保全的，应当依照《中华人民共和国海事诉讼特别程序法》或《中华人民共和国民事诉讼法》的规定，直接向被保全的财产所在地海事法院或其他有管辖权的法院提出。

**第二十四条 证据保全**

当事人申请证据保全的，仲裁委员会应当将当事人的申请提交证据所在地的海事法院或其他有管辖权的法院作出裁定；当事人在仲裁程序开始前申请证据保全的，应当依照《中华人民共和国海事诉讼特别程序法》或《中华人民共和国民事诉讼法》的规定，直接向被保全的证据所在地海事法院或其他有管辖权的法院提出。

**第二十五条 海事强制令**

当事人申请海事强制令的，仲裁委员会应当将当事人的申请提交海事纠纷发生地的海事法院作出裁定；当事人在仲裁程序开始前申请海事强制令的，应当依照《中华人民共和国海事诉讼特别程序法》的规定，直接向海事纠纷发生地的海事法院提出。

**第二十六条 海事赔偿责任限制基金**

当事人申请设立海事赔偿责任限制基金的，仲裁委员会应当将当事人的申请提交事故发生地、合同履行地或者船舶扣押地海事法院作出裁定；当事人在仲裁程序开始前申请设立海事赔偿责任限制基金的，应当依照《中华人民共和国海事诉讼特别程序法》的规定，直接向事故发生地、合同履行地或者船舶扣押地的海事法院提出。

**第二十七条 临时措施**

（一）根据所适用的法律或当事人的约定，当事人可以依据《中国海事仲裁委员会紧急仲裁员程序》（本规则附件三）向仲裁委员会仲裁院申请紧急性临时救济。紧急仲裁员可以决定采取必要或适当的紧急性临时救济措施。紧急仲裁员的决定对双方当事人具有约束力。

（二）经一方当事人请求，仲裁庭可以决定采取其认为必要或适当的临时措施，并有权决定由请求临时措施的一方当事人提供适当的担保。

## 第三节　仲裁员及仲裁庭

### 第二十八条　仲裁员的义务

仲裁员必须独立公正，不代表任何一方当事人，独立平等地对待各方当事人。

### 第二十九条　仲裁庭的组成与人数

（一）当事人就仲裁庭的组成有约定的，从其约定，但其约定违背仲裁地法律规定、无法实施或可能导致裁决无效的除外。

（二）仲裁庭由一名仲裁员成立或由三名仲裁员组成。仲裁庭由一名仲裁员成立的，该名仲裁员为独任仲裁员，仲裁庭由三名仲裁员组成的，设首席仲裁员。

（三）除非当事人另有约定或本规则另有规定，仲裁庭由三名仲裁员组成。

### 第三十条　仲裁员的选定或指定

（一）仲裁委员会制定统一适用于仲裁委员会及上海总部/分会/仲裁中心的仲裁员名册；当事人可以从仲裁委员会仲裁员名册中选定仲裁员，也可以在仲裁委员会仲裁员名册外选定仲裁员；除非仲裁委员会另有决定，首席仲裁员和独任仲裁员应从仲裁委员会仲裁员名册中产生。

（二）当事人在仲裁委员会仲裁员名册外选定仲裁员，应当符合仲裁地法律的规定。

### 第三十一条　三人仲裁庭的组成

（一）申请人和被申请人应各自在收到仲裁通知后 15 日内选定

或委托仲裁委员会主任指定一名仲裁员。当事人未在上述期限内选定或委托仲裁委员会主任指定的，由仲裁委员会主任指定。

（二）第三名仲裁员由双方当事人在最后一方当事人收到仲裁通知后15日内共同选定或共同委托仲裁委员会主任指定。第三名仲裁员为仲裁庭的首席仲裁员。

（三）双方当事人可以各自推荐一至五名候选人作为首席仲裁员人选，并按照上述第（二）款规定的期限提交推荐名单。双方当事人的推荐名单中有一名人选相同的，该人选为双方当事人共同选定的首席仲裁员；有一名以上人选相同的，仲裁委员会主任根据案件的具体情况在相同人选中确定一名首席仲裁员，该名首席仲裁员仍为双方共同选定的首席仲裁员。

（四）双方当事人未能共同选定或共同委托仲裁委员会主任指定首席仲裁员、未推荐或者推荐的首席仲裁员名单中没有相同人选的，由当事人选定或仲裁委员会主任指定的两名仲裁员共同选定首席仲裁员。

（五）该两名仲裁员未能在15日内就首席仲裁员人选达成一致的，由仲裁委员会主任指定首席仲裁员。

**第三十二条　独任仲裁庭的组成**

（一）仲裁庭由一名仲裁员组成的，申请人和被申请人应在最后一方当事人收到仲裁通知后15日内共同选定或共同委托仲裁委员会主任指定一名独任仲裁员。

（二）申请人和被申请人可以各自推荐一至五名候选人作为独任仲裁员人选，并按照上述第（一）款规定的期限提交推荐名单。双方当事人的推荐名单中有一名人选相同的，该人选为双方当事人共同选定的独任仲裁员；有一名以上人选相同的，由仲裁委员会主任根据案件的具体情况在相同人选中确定一名独任仲裁员，该名独任仲裁员仍为双方当事人共同选定的独任仲裁员。

（三）双方当事人未能共同选定或共同委托仲裁委员会主任指定独任仲裁员、未推荐或者推荐的独任仲裁员名单中没有相同人选的，由仲裁委员会主任指定独任仲裁员。

**第三十三条　多方当事人仲裁庭的组成**

（一）仲裁案件有两个或两个以上申请人及/或被申请人的，申请人方及/或被申请人方应各自协商，分别共同选定或共同委托仲裁委员会主任指定一名仲裁员。

（二）如果申请人方及/或被申请人方未能在收到仲裁通知之日起15日内各自共同选定或者各自共同委托仲裁委员会主任指定一名仲裁员，该仲裁员由仲裁委员会主任指定。

（三）首席仲裁员按照本规则第三十一条第（二）（三）（四）（五）款规定的程序选定或指定。独任仲裁员按照本规则第三十二条第（一）（二）（三）款规定的程序选定或指定。

**第三十四条　组成仲裁庭应考虑的因素**

仲裁委员会根据本规则的规定组成仲裁庭时，应考虑争议的适用法律、仲裁地、仲裁语言、当事人国籍，当事人有关仲裁庭组成的特殊约定，以及仲裁委员会认为应予考虑的其他因素。

**第三十五条　披露**

（一）被选定或被指定的仲裁员应签署声明书，披露可能引起对其公正性和独立性产生合理怀疑的任何事实或情况。

（二）在仲裁程序中出现应披露情形的，仲裁员应立即书面披露。

（三）仲裁员的声明书及/或披露的信息应提交仲裁委员会仲裁院，转交各方当事人。

**第三十六条　仲裁员的回避**

（一）当事人收到仲裁员的声明书及/或书面披露后，如果以披露的事实或情况为理由要求该仲裁员回避，则应于收到仲裁员的书面披露后10日内书面提出。逾期没有申请回避的，不得以仲裁员曾经披露的事项为由申请该仲裁员回避。

（二）当事人对被选定或被指定的仲裁员的公正性和独立性产生具有正当理由的怀疑时，可以书面请求该仲裁员回避，但应说明回避请求所依据的具体事实和理由，并举证。

（三）对仲裁员的回避请求应在收到组庭通知后15日内以书面形式提出；在此之后得知回避事由的，可以在得知回避事由后15日内提出，但应不晚于最后一次开庭终结。

（四）当事人的回避请求应当立即转交另一方当事人、被请求回避的仲裁员及仲裁庭其他成员。

（五）如果一方当事人请求仲裁员回避，另一方当事人同意回避请求，或被请求回避的仲裁员主动提出不再担任该仲裁案件的仲裁员，则该仲裁员不再担任仲裁员审理本案。上述情形并不表示当事人提出回避的理由成立。

（六）除上述第（五）款规定的情形外，仲裁员是否回避，由仲裁委员会主任作出终局决定，并说明理由。

（七）在仲裁委员会主任就仲裁员是否回避作出决定前，被请求回避的仲裁员应继续履行职责。

**第三十七条　仲裁员的更换**

（一）仲裁员在法律上或事实上不能履行职责，或没有按照本规则的要求或在本规则规定的期限内履行应尽职责的，仲裁委员会主任有权决定将其更换；该仲裁员也可以主动申请不再担任仲裁员。

（二）是否更换仲裁员，由仲裁委员会主任作出终局决定，并说明理由。

（三）仲裁员因回避或更换不能履行职责的，应按照原选定或指定仲裁员的方式在仲裁委员会仲裁院规定的期限内选定或指定替代的仲裁员。当事人未选定或指定替代仲裁员的，由仲裁委员会主任指定替代的仲裁员。

（四）重新选定或指定仲裁员后，由仲裁庭决定是否重新审理及重新审理的范围。

**第三十八条　多数仲裁员继续仲裁程序**

最后一次开庭终结后，如果三人仲裁庭中的一名仲裁员因死亡或被除名等情形不能参加合议及/或作出裁决，另外两名仲裁员可以请求仲裁委员会主任按照第三十七条的规定更换该仲裁员；在征求双方当事人意见并经仲裁委员会同意后，该两名仲裁员也可以继续进行仲裁程序，作出决定或裁决。仲裁委员会仲裁院应将上述情况通知双方当事人。

## 第四节 审 理

### 第三十九条 审理方式

（一）仲裁庭组成后，仲裁委员会仲裁院应立即将案件移交仲裁庭。仲裁庭应当视案件具体情况尽快召开案件管理会议，与当事人协商可以根据本条第（六）款采取的程序措施。

（二）除非当事人另有约定，仲裁庭可以按照其认为适当的方式审理案件。在任何情形下，仲裁庭均应公平公正、高效地推进程序，进行审理，给予双方当事人陈述与辩论的合理机会，确保程序正当。

（三）仲裁庭应开庭审理案件，但双方当事人约定并经仲裁庭同意或仲裁庭认为不必开庭审理并征得双方当事人同意的，可以只依据书面文件进行审理。

（四）除非当事人另有约定，经征求当事人意见，仲裁庭可以决定开庭审理以远程视频会议或仲裁庭认为适当的其他通讯方式进行。

如仲裁程序中出现不宜以远程视频会议等方式开庭的情形，仲裁庭有权决定将开庭转为线下进行。

（五）仲裁庭可以在其认为适当的地点以其认为适当的方式进行合议。

（六）除非当事人另有约定，仲裁庭认为必要时可以经征求当事人意见决定就案件审理采取适当的程序措施，包括但不限于制作审理范围书，发布程序令，发出问题单，举行庭前会议，以及与当事人讨论网络安全、隐私和数据保护，为仲裁程序安全合规提供适当保障等。

经仲裁庭其他成员授权，首席仲裁员可以单独就仲裁案件的程序安排作出决定。

（七）仲裁庭可应一方当事人请求或经征求当事人意见自行决

定，要求当事人就案外人（第三方资助人或保险人）对仲裁程序的资助进行披露，或者要求当事人就案外人（第三方资助人、保险人、母公司或最终利益拥有者）对仲裁结果所具有的经济利益予以披露。

**第四十条　仲裁庭秘书**

（一）经征求仲裁委员会仲裁院意见，仲裁庭可以指定仲裁庭秘书予以协助。仲裁委员会仲裁院工作人员可以担任仲裁庭秘书，但不得担任同一仲裁案件的经办人。

（二）仲裁庭秘书工作职责由仲裁庭确定，但不得参与案件表决，不得参与案件裁决书实质内容的撰写。

（三）仲裁庭秘书必须独立公正，并在接受指定前签署声明书，披露可能引起对其公正性和独立性产生合理怀疑的任何事实或情况。

（四）当事人可根据本规则第三十六条的规定要求仲裁庭秘书回避。如果仲裁委员会决定仲裁庭秘书回避，仲裁庭可根据本条规定重新指定仲裁庭秘书。除非仲裁庭另有决定，请求仲裁庭秘书回避不影响仲裁程序的继续进行。

**第四十一条　开庭地**

（一）当事人约定了开庭地点的，案件开庭应当在约定的地点进行，但本规则第八十三条第（三）款规定的情形除外。

（二）除非当事人另有约定，由仲裁委员会仲裁院或其上海总部/分会/仲裁中心管理的案件应分别在北京、上海或分会/仲裁中心所在地开庭审理；如仲裁庭认为必要，经仲裁委员会仲裁院同意，也可以在其他地点开庭审理。

**第四十二条　开庭通知**

（一）开庭审理的案件，仲裁庭确定第一次开庭日期后，应不晚于开庭前20日将开庭日期通知双方当事人。当事人有正当理由的，可以请求延期开庭，但应于收到开庭通知后5日内书面提出。是否延期，由仲裁庭决定。

（二）当事人有正当理由未能按上述第（一）款规定提出延期

开庭的，是否接受其延期申请，由仲裁庭决定。

（三）再次开庭审理的日期及延期后开庭审理日期的通知及其延期申请，不受上述第（一）款期限的限制。

（四）仲裁庭在确定开庭审理日期时，应慎重考虑庭前文件交换是否充分以及开庭审理的条件是否具备。

### 第四十三条 保密

（一）仲裁庭审理案件不公开进行。双方当事人要求公开审理的，由仲裁庭决定是否公开审理。

（二）不公开审理的案件，双方当事人及其仲裁代理人、仲裁员、案件经办人、仲裁庭秘书、证人、翻译、仲裁庭咨询的专家和指定的鉴定人，以及其他有关人员，均不得对外界透露案件实体和程序的有关情况。

### 第四十四条 当事人缺席

（一）申请人无正当理由开庭时不到庭的，或在开庭审理时未经仲裁庭许可中途退庭的，可以视为撤回仲裁申请；被申请人提出反请求的，不影响仲裁庭就反请求进行审理，作出裁决。

（二）被申请人无正当理由开庭时不到庭的，或在开庭审理时未经仲裁庭许可中途退庭的，仲裁庭可以进行缺席审理并作出裁决；被申请人提出反请求的，可以视为撤回反请求。

### 第四十五条 庭审笔录

（一）开庭审理时，仲裁庭可以制作庭审笔录及/或影音记录。仲裁庭认为必要时，可以制作庭审要点，并要求当事人及/或其代理人、证人及/或其他有关人员在庭审笔录或庭审要点上签字或盖章。

以远程视频会议等方式开庭审理的，庭审笔录可由上述仲裁参与人电子签名。

（二）仲裁庭可以委托仲裁委员会仲裁院聘请速录人员速录庭审笔录。

### 第四十六条 举证

（一）当事人应对其申请、答辩和反请求所依据的事实提供证据加以证明，为其主张、辩论及抗辩要点提供依据。

（二）下列事实无需当事人举证，除非有足以推翻该事实的相反证据，仲裁庭可依职权予以认定：

（1）双方当事人没有争议的事实；

（2）自然规律及定理；

（3）众所周知的事实或常识；

（4）根据法律规定、已知事实或日常生活经验法则，能推定出的另一事实。

（三）一方当事人应向仲裁庭和对方当事人（包括多方仲裁中作为申请人或被申请人一方的所有当事人）披露和提交其作为依据的所有证据。

（四）仲裁庭可以规定当事人提交证据的期限。当事人应在规定的期限内提交证据。逾期提交的，仲裁庭可以不予接受。当事人在举证期限内提交证据材料确有困难的，可以在期限届满前申请延长举证期限。是否延期，由仲裁庭决定。

（五）当事人未能在规定的期限内提交证据，或虽提交证据但不足以证明其主张的，负有举证责任的当事人承担因此产生的后果。通常情况下，举证和证据交换应在仲裁庭就实体争议进行开庭审理之前完成。

**第四十七条　事实证人和专家证人意见**

（一）当事人安排证人作证的，应事先向仲裁庭确定证人身份及其证明事项。证人应在开庭审理前提交书面证言。

（二）当事人可就特定问题提交专家证人意见以支持己方主张。

**第四十八条　仲裁庭调查取证**

（一）仲裁庭认为必要时，可以调查事实，收集证据。

（二）仲裁庭调查事实、收集证据时，应当通知当事人到场。经通知，一方或双方当事人不到场的，不影响仲裁庭调查事实和收集证据。

（三）仲裁庭调查收集的证据，应当转交当事人，给予当事人提出意见的机会。

**第四十九条　查验及鉴定报告**

（一）仲裁庭可应当事人请求或自行决定，指定查验人对现场、货物、文件或其他有关证据进行查验，或者指定鉴定人对某个专业或技术问题进行鉴定。当事人应事先得到查验或鉴定通知，并有权到场。

（二）仲裁庭有权要求当事人、当事人也有义务向查验人或鉴定人提供或出示任何有关资料、文件或财产、实物，以供查验人或鉴定人查验、鉴定。

（三）查验报告和鉴定报告的副本应转交当事人，给予当事人提出意见的机会。

**第五十条　质证**

（一）仲裁庭应确保一方当事人有机会就对方当事人提交的所有证据发表质证意见。质证可以采用口头或书面形式。

（二）开庭审理的案件，证据应在开庭时出示，当事人可以质证。

（三）对于书面审理的案件的证据材料，或对于开庭后提交的证据材料且当事人同意书面质证的，可以进行书面质证。书面质证时，当事人应在仲裁庭规定的期限内提交书面质证意见。

（四）当事人共同确认或没有异议的证据，视为已经质证。

**第五十一条　质询**

（一）通常情况下，证人应出席案件的开庭审理或者通过远程视频会议参加开庭审理，接受安排其出庭的一方当事人的询问和对方当事人的盘问。

（二）仲裁庭指定的查验人或鉴定人应当出席案件的开庭审理或者通过远程视频会议参加开庭审理，仲裁庭应确保双方当事人有机会对其进行质询。

**第五十二条　证据的审核认定**

（一）证据是否可予采纳，以及证据的关联性、重要性及证明力，由仲裁庭决定。

（二）当事人提供伪证的，应承担相应的后果，仲裁庭有权据此驳回该方当事人的请求或反请求。

**第五十三条　合并开庭**

为公平、经济和快捷地进行仲裁程序，如果两个或多个仲裁案件涉及相同的事实或法律问题，在征求各方当事人意见后，仲裁庭经征求仲裁委员会仲裁院意见可以决定对两个或多个仲裁案件合并开庭，并可决定：

（一）一个案件当事人提交的文件可以提交给另一个案件当事人；

（二）一个案件当事人提交的证据可以在另一个案件中被接受和采纳，但是应当给予所有当事人就该等证据发表意见的机会。

**第五十四条　程序中止**

（一）双方当事人共同或分别请求中止仲裁程序，或出现需要中止仲裁程序的法定情形以及其他需要中止仲裁程序的情形的，仲裁程序可以中止。

（二）中止程序的原因消失或中止程序期满后，仲裁程序恢复进行。

（三）仲裁程序的中止及恢复，由仲裁庭决定；仲裁庭尚未组成的，由仲裁委员会仲裁院决定。

**第五十五条　撤回申请和撤销案件**

（一）当事人可以撤回全部仲裁请求或全部仲裁反请求。申请人撤回全部仲裁请求的，不影响仲裁庭就被申请人的仲裁反请求进行审理和裁决。被申请人撤回全部仲裁反请求的，不影响仲裁庭就申请人的仲裁请求进行审理和裁决。

（二）因当事人自身原因致使仲裁程序不能进行的，可以视为其撤回仲裁请求。

（三）仲裁请求和反请求全部撤回的，案件可以撤销。在仲裁庭组成前撤销案件的，由仲裁委员会仲裁院作出撤案决定；仲裁庭组成后撤销案件的，由仲裁庭作出撤案决定。

（四）上述第（三）款及本规则第六条第（七）款所述撤案决定应加盖"中国海事仲裁委员会"印章。

### 第五十六条 仲裁与调解相结合

（一）双方当事人有调解意愿的，或一方当事人有调解意愿并经仲裁庭征得另一方当事人同意的，仲裁庭可以在仲裁程序中对案件进行调解。双方当事人也可以自行和解。

（二）仲裁庭在征得双方当事人同意后可以按照其认为适当的方式进行调解。

（三）调解过程中，任何一方当事人提出终止调解或仲裁庭认为已无调解成功的可能时，仲裁庭应终止调解。

（四）双方当事人经仲裁庭调解达成和解或自行和解的，应签订和解协议。

（五）当事人经调解达成或自行达成和解协议的，可以撤回仲裁请求或反请求，也可以请求仲裁庭根据当事人和解协议的内容作出裁决书或制作调解书。

（六）当事人请求制作调解书的，调解书应当写明仲裁请求和当事人书面和解协议的内容，由仲裁员署名，并加盖"中国海事仲裁委员会"印章，送达双方当事人。

（七）调解不成功的，仲裁庭应当继续进行仲裁程序，作出裁决。

（八）当事人有调解意愿但不愿在仲裁庭主持下进行调解的，经双方当事人同意，仲裁委员会可以协助当事人以适当的方式和程序进行调解。

（九）如果调解不成功，任何一方当事人均不得在其后的仲裁程序、司法程序和其他任何程序中援引对方当事人或仲裁庭在调解过程中曾发表的意见、提出的观点、作出的陈述、表示认同或否定的建议或主张作为其请求、答辩或反请求的依据。

（十）当事人在仲裁程序开始之前自行达成或经调解达成和解协议的，可以依据由仲裁委员会仲裁的仲裁协议及其和解协议，请求仲裁委员会组成仲裁庭，按照和解协议的内容作出仲裁裁决。除非当事人另有约定，仲裁委员会主任指定一名独任仲裁员成立仲裁庭，由仲裁庭按照其认为适当的程序进行审理并作出裁决。具体程序和期限，不受本规则其他条款关于程序和期限的限制。

## 第五节 裁 决

**第五十七条 作出裁决的期限**

（一）仲裁庭应在组庭后 6 个月内作出裁决书。

（二）经仲裁庭请求，仲裁委员会仲裁院认为确有正当理由和必要的，可以延长该期限。

（三）程序中止的期间不计入上述第（一）款规定的裁决期限。

**第五十八条 裁决的作出**

（一）仲裁庭应当根据事实和合同约定，依照法律规定，参考国际惯例，参照交易习惯，公平合理、独立公正地作出裁决。

（二）当事人对于案件实体适用法有约定的，从其约定。当事人没有约定或其约定与法律强制性规定相抵触的，由仲裁庭决定案件实体的法律适用。

（三）仲裁庭在裁决书中应写明仲裁请求、争议事实、裁决理由、裁决结果、仲裁费用的承担、裁决的日期和地点。当事人协议不写明争议事实和裁决理由的，以及按照双方当事人和解协议的内容作出裁决书的，可以不写明争议事实和裁决理由。仲裁庭有权在裁决书中确定当事人履行裁决的具体期限及逾期履行所应承担的责任。

（四）裁决书应加盖"中国海事仲裁委员会"印章。

（五）由三名仲裁员组成的仲裁庭审理的案件，裁决依全体仲裁员或多数仲裁员的意见作出。少数仲裁员的书面意见应附卷，并可以附在裁决书后，该书面意见不构成裁决书的组成部分。

（六）仲裁庭不能形成多数意见的，裁决依首席仲裁员的意见作出。其他仲裁员的书面意见应附卷，并可以附在裁决书后，该书面意见不构成裁决书的组成部分。

（七）除非裁决依首席仲裁员意见或独任仲裁员意见作出并由其

署名，裁决书应由全体仲裁员或多数仲裁员署名。持有不同意见的仲裁员可以在裁决书上署名，也可以不署名。

（八）作出裁决书的日期，即为裁决发生法律效力的日期。

（九）裁决是终局的，对双方当事人均有约束力。任何一方当事人均不得向法院起诉，也不得向其他任何机构提出变更仲裁裁决的请求。

（十）经征得当事人同意，仲裁委员会仲裁院可在裁决作出后，对当事人名称及其他可识别信息进行脱密处理，公开发布裁决书。

**第五十九条　部分裁决**

（一）仲裁庭认为必要或当事人提出请求并经仲裁庭同意的，仲裁庭可以在作出最终裁决之前，就当事人的某些请求事项先行作出部分裁决。部分裁决是终局的，对双方当事人均有约束力。

（二）一方当事人不履行部分裁决，不影响仲裁程序的继续进行，也不影响仲裁庭作出最终裁决。

**第六十条　裁决书草案的核阅**

仲裁庭应在签署裁决书之前将裁决书草案提交仲裁委员会核阅。在不影响仲裁庭独立裁决的情况下，仲裁委员会可以就裁决书的有关问题提请仲裁庭注意。

**第六十一条　专家咨询委员会的咨询意见**

仲裁庭或仲裁委员会可以就仲裁案件的程序和实体等重大疑难问题提请仲裁委员会专家咨询委员会研究讨论，并提供咨询意见。专家咨询意见由仲裁庭决定是否接受。

**第六十二条　费用承担**

（一）仲裁庭有权在裁决书中裁定当事人最终应向仲裁委员会支付的仲裁费用和实际费用等。

（二）仲裁庭有权根据案件的具体情况在裁决书中裁定败诉方应补偿胜诉方因办理案件而支出的合理的费用。仲裁庭裁定败诉方补偿胜诉方因办理案件而支出的费用是否合理，应具体考虑案件的裁决结果、复杂程度、胜诉方当事人及/或代理人的实际工作量以及案件的争议金额等因素。

**第六十三条　裁决书的更正**

（一）仲裁庭可以在发出裁决书后的合理时间内自行以书面形式对裁决书中的书写、打印、计算上的错误或其他类似性质的错误作出更正。

（二）任何一方当事人均可以在收到裁决书后 30 日内就裁决书中的书写、打印、计算上的错误或其他类似性质的错误，书面申请仲裁庭作出更正；如确有错误，仲裁庭应在收到书面申请后 30 日内作出书面更正。

（三）上述书面更正构成裁决书的组成部分，应适用本规则第五十八条第（四）至（九）款的规定。

**第六十四条　补充裁决**

（一）如果裁决书中有遗漏的请求事项，仲裁庭可以在发出裁决书后的合理时间内自行作出补充裁决。

（二）任何一方当事人可以在收到裁决书后 30 日内以书面形式请求仲裁庭就裁决书中遗漏的请求事项作出补充裁决；如确有漏裁事项，仲裁庭应在收到上述书面申请后 30 日内作出补充裁决。

（三）该补充裁决构成裁决书的一部分，应适用本规则第五十八条第（四）至（九）款的规定。

**第六十五条　裁决的履行**

（一）当事人应依照裁决书写明的期限履行仲裁裁决；裁决书未写明履行期限的，应立即履行。

（二）一方当事人不履行裁决的，另一方当事人可以依法向有管辖权的法院申请执行。

# 第三章　快速程序

**第六十六条　快速程序的适用**

（一）除非当事人另有约定，凡争议金额不超过人民币 500 万元的，或争议金额超过人民币 500 万元但经一方当事人书面申请并征得另一方当事人书面同意的，或双方当事人约定适用快速程序的，适用快速程序。

（二）没有争议金额或者争议金额不明确的，由仲裁委员会根据案件的复杂程度、涉及利益的大小以及其他有关因素综合考虑决定是否适用快速程序。

**第六十七条　仲裁通知**

申请人提出仲裁申请，经审查可以受理并适用快速程序的，仲裁委员会仲裁院应向双方当事人发出仲裁通知。

**第六十八条　仲裁庭的组成**

除非当事人另有约定，适用快速程序的案件，依照本规则第三十二条的规定成立独任仲裁庭审理案件。

**第六十九条　答辩和反请求**

（一）被申请人应在收到仲裁通知后 20 日内提交答辩书及证据材料以及其他证明文件；如有反请求，也应在此期限内提交反请求书及证据材料以及其他证明文件。

（二）申请人应在收到反请求书及其附件后 20 日内针对被申请人的反请求提交答辩。

（三）当事人确有正当理由请求延长上述期限的，由仲裁庭决定；仲裁庭尚未组成的，由仲裁委员会仲裁院决定。

**第七十条　审理方式**

仲裁庭可以按照其认为适当的方式审理案件，可以在征求当事人意见后决定只依据当事人提交的书面材料和证据进行书面审理，也可以决定开庭审理。

**第七十一条　开庭通知**

（一）对于开庭审理的案件，仲裁庭确定第一次开庭日期后，应不晚于开庭前 15 日将开庭日期通知双方当事人。当事人有正当理由的，可以请求延期开庭，但应于收到开庭通知后 3 日内提出书面申请；是否延期，由仲裁庭决定。

（二）当事人有正当理由未能按上述第（一）款规定提出延期开庭的，是否接受其延期申请，由仲裁庭决定。

（三）再次开庭审理的日期及延期后开庭审理日期的通知及其延期申请，不受上述第（一）款期限的限制。

**第七十二条　作出裁决的期限**

（一）仲裁庭应在组庭后 3 个月内作出裁决书。

（二）经仲裁庭请求，仲裁委员会仲裁院认为确有正当理由和必要的，可以延长该期限。

（三）程序中止的期间不计入上述第（一）款规定的裁决期限。

**第七十三条　程序变更**

仲裁请求的变更或反请求的提出，不影响快速程序的继续进行。经变更的仲裁请求或反请求所涉争议金额分别超过人民币 500 万元的案件，除非当事人约定或仲裁庭认为有必要变更为普通程序，继续适用快速程序。

**第七十四条　本规则其他条款的适用**

本章未规定的事项，适用本规则其他各章的有关规定。

# 第四章　香港仲裁的特别规定

**第七十五条　本章的适用**

（一）仲裁委员会在香港特别行政区设立仲裁委员会香港仲裁中心。本章适用于仲裁委员会香港仲裁中心管理的仲裁案件。

（二）当事人约定将争议提交仲裁委员会香港仲裁中心仲裁或约定将争议提交仲裁委员会在香港仲裁的，由仲裁委员会香港仲裁中心接受仲裁申请，管理案件。

**第七十六条　仲裁地及程序适用法**

除非当事人另有约定，仲裁委员会香港仲裁中心管理的案件的仲裁地为香港，仲裁程序适用法为香港仲裁法，仲裁裁决为香港裁决。

**第七十七条　管辖权决定**

当事人对仲裁协议及/或仲裁案件管辖权的异议，应不晚于第一次实体答辩前提出。

仲裁庭有权对仲裁协议的存在、效力以及仲裁案件的管辖权作出决定。

**第七十八条　裁决书的印章**

裁决书应加盖"中国海事仲裁委员会香港仲裁中心"印章。

**第七十九条　仲裁收费**

依本章管理的案件适用《中国海事仲裁委员会仲裁费用表（三）》（本规则附件二）。

**第八十条　本规则其他条款的适用**

本章未规定的事项，适用本规则其他各章的有关规定。

# 第五章　附　　则

**第八十一条　电子签名**

除非仲裁地法律另有规定、当事人另有约定，或者仲裁委员会仲裁院或仲裁庭另有决定，撤案决定、调解书和裁决书等可以由仲裁员电子签名。

**第八十二条　仲裁语言**

（一）当事人对仲裁语言有约定的，从其约定。当事人对仲裁语言没有约定的，以中文为仲裁语言。仲裁委员会仲裁院或仲裁庭也可以视案件的具体情形确定其他语言为仲裁语言。

（二）仲裁庭开庭时，当事人或其代理人、证人需要语言翻译的，可由仲裁委员会仲裁院提供译员，也可由当事人自行提供译员。

（三）当事人提交的各种文书和证明材料，仲裁庭或仲裁委员会仲裁院认为必要时，可以要求当事人提供相应的中文译本或其他语言译本。

**第八十三条　仲裁费用及实际费用**

（一）仲裁委员会除按照仲裁费用表向当事人收取仲裁费外，还可以向当事人收取其他额外的、合理的实际费用，包括仲裁员办理案件的特殊报酬、差旅费、食宿费、聘请速录员速录费，以及仲裁庭聘请查验人、鉴定人、审计人、评估人和翻译等费用。仲裁员的特殊报酬由仲裁委员会仲裁院在征求相关仲裁员和当事人意见后，参照《中国海事仲裁委员会仲裁费用表（三）》（本规则附件二）有关仲裁员报酬和费用标准确定。

（二）当事人未在仲裁委员会规定的期限内为其选定的仲裁员预缴特殊报酬、差旅费、食宿费等实际费用的，视为没有选定仲裁员。

（三）当事人约定在仲裁委员会或其上海总部/分会/仲裁中心所在地之外开庭的，应预缴因此而发生的差旅费、食宿费等实际费用。当事人未在仲裁委员会规定的期限内预缴有关实际费用的，应在仲裁委员会或其上海总部/分会/仲裁中心所在地开庭。

（四）当事人约定以两种或两种以上语言为仲裁语言的，或根据本规则第六十六条的规定适用快速程序的案件但当事人约定由三人仲裁庭审理的，仲裁委员会可以向当事人收取额外的、合理的费用。

**第八十四条　责任限制**

除非仲裁地法律另有规定，仲裁委员会及其工作人员、仲裁员、仲裁庭秘书，以及仲裁庭指定的专家，不就与仲裁相关的行为向当事人承担责任。

**第八十五条　基本原则及规则解释**

（一）本规则未明确规定的事项，仲裁委员会仲裁院和仲裁庭应当根据本规则精神行事。

（二）本规则条文标题不用于解释条文含义。本规则由仲裁委员会负责解释。

**第八十六条　规则的施行**

本规则自 2021 年 10 月 1 日起施行。本规则施行前仲裁委员会及其上海总部/分会/仲裁中心管理的案件，仍适用受理案件时适用的仲裁规则；双方当事人同意的，也可以适用本规则。

# 本书所涉文件目录

**法律**

| | |
|---|---|
| 2025 年 9 月 12 日 | 中华人民共和国仲裁法 |
| 2023 年 9 月 1 日 | 中华人民共和国民事诉讼法 |
| 2022 年 6 月 24 日 | 中华人民共和国体育法 |
| 2020 年 5 月 28 日 | 中华人民共和国民法典 |
| 2017 年 9 月 1 日 | 中华人民共和国律师法 |
| 2010 年 10 月 28 日 | 中华人民共和国涉外民事关系法律适用法 |
| 2009 年 6 月 27 日 | 中华人民共和国农村土地承包经营纠纷调解仲裁法 |
| 2007 年 12 月 29 日 | 中华人民共和国劳动争议调解仲裁法 |

**行政法规及文件**

| | |
|---|---|
| 2019 年 7 月 27 日 | 国务院关于印发中国（上海）自由贸易试验区临港新片区总体方案的通知 |
| 1996 年 6 月 8 日 | 国务院办公厅关于贯彻实施《中华人民共和国仲裁法》需要明确的几个问题的通知 |
| 1995 年 7 月 28 日 | 重新组建仲裁机构方案 |
| 1995 年 7 月 28 日 | 仲裁委员会登记暂行办法 |
| 1995 年 7 月 28 日 | 仲裁委员会仲裁收费办法 |

**司法解释及文件**

| | |
|---|---|
| 2022 年 4 月 1 日 | 最高人民法院关于适用《中华人民共和国民事诉讼法》的解释 |
| 2022 年 2 月 24 日 | 最高人民法院关于内地与澳门特别行政区就仲裁程序相互协助保全的安排 |

| 2021 年 12 月 24 日 | 最高人民法院关于仲裁司法审查案件报核问题的有关规定 |
|---|---|
| 2020 年 11 月 26 日 | 最高人民法院关于内地与香港特别行政区相互执行仲裁裁决的补充安排 |
| 2020 年 12 月 29 日 | 最高人民法院关于审理民事案件适用诉讼时效制度若干问题的规定 |
| 2020 年 12 月 29 日 | 最高人民法院关于审理涉及农村土地承包经营纠纷调解仲裁案件适用法律若干问题的解释 |
| 2020 年 12 月 29 日 | 最高人民法院关于人民法院办理财产保全案件若干问题的规定 |
| 2020 年 12 月 29 日 | 最高人民法院关于适用《中华人民共和国涉外民事关系法律适用法》若干问题的解释（一） |
| 2019 年 12 月 25 日 | 最高人民法院关于民事诉讼证据的若干规定 |
| 2018 年 6 月 5 日 | 最高人民法院关于仲裁机构"先予仲裁"裁决或者调解书立案、执行等法律适用问题的批复 |
| 2018 年 2 月 22 日 | 最高人民法院关于人民法院办理仲裁裁决执行案件若干问题的规定 |
| 2017 年 12 月 26 日 | 最高人民法院关于审理仲裁司法审查案件若干问题的规定 |
| 2015 年 6 月 29 日 | 最高人民法院关于认可和执行台湾地区仲裁裁决的规定 |
| 2013 年 9 月 4 日 | 最高人民法院关于正确审理仲裁司法审查案件有关问题的通知 |
| 2010 年 2 月 24 日 | 最高人民法院研究室关于人民法院其他工作人员能否担任仲裁员的答复 |

| 2008 年 12 月 16 日 | 最高人民法院关于适用《中华人民共和国仲裁法》若干问题的解释 |
|---|---|
| 2008 年 12 月 16 日 | 最高人民法院关于人民法院撤销涉外仲裁裁决有关事项的通知 |
| 2008 年 12 月 16 日 | 最高人民法院关于人民法院处理与涉外仲裁及外国仲裁事项有关问题的通知 |
| 2007 年 12 月 12 日 | 最高人民法院关于内地与澳门特别行政区相互认可和执行仲裁裁决的安排 |
| 2006 年 3 月 13 日 | 最高人民法院关于如何确认仲裁机构名称约定不明确的仲裁协议的效力的请示的复函 |
| 2004 年 7 月 26 日 | 最高人民法院关于当事人对驳回其申请撤销仲裁裁决的裁定不服而申请再审，人民法院不予受理问题的批复 |
| 2004 年 7 月 13 日 | 最高人民法院关于现职法官不得担任仲裁员的通知 |
| 2000 年 7 月 10 日 | 最高人民法院关于人民检察院对撤销仲裁裁决的民事裁定提起抗诉人民法院应如何处理问题的批复 |
| 1999 年 2 月 11 日 | 最高人民法院关于当事人对人民法院撤销仲裁裁决的裁定不服申请再审人民法院是否受理问题的批复 |
| 1998 年 10 月 26 日 | 最高人民法院关于确认仲裁协议效力几个问题的批复 |

## 行业规定

| 2024 年 | 中国国际经济贸易仲裁委员会证据指引 |
|---|---|
| 2023 年 9 月 2 日 | 中国国际经济贸易仲裁委员会仲裁规则（2024 版） |
| 2021 年 9 月 13 日 | 中国海事仲裁委员会仲裁规则 |

图书在版编目（CIP）数据

仲裁法一本通／法规应用研究中心编. -- 北京 ：
中国法治出版社，2025. 9. --（法律一本通）. -- ISBN
978-7-5216-5626-8

Ⅰ. D925. 7

中国国家版本馆 CIP 数据核字第 2025LK3094 号

责任编辑：谢雯　　　　　　　　　　　　封面设计：杨泽江

**仲裁法一本通**

ZHONGCAIFA YIBENTONG

编者/法规应用研究中心

经销/新华书店

印刷/保定市中画美凯印刷有限公司

开本/880 毫米×1230 毫米　32 开　　　　印张/ 8. 125　字数/ 198 千

版次/2025 年 9 月第 1 版　　　　　　　　2025 年 9 月第 1 次印刷

**中国法治出版社出版**

书号 ISBN 978-7-5216-5626-8　　　　　　　　　　　定价：25.00 元

北京市西城区西便门西里甲 16 号西便门办公区

邮政编码：100053　　　　　　　　　　　　传真：010-63141600

网址：http：//www. zgfzs. com　　　　　　编辑部电话：**010-63141784**

市场营销部电话：**010-63141612**　　　　　印务部电话：**010-63141606**

（如有印装质量问题，请与本社印务部联系。）